中原大學・大師系列
Chung Yuan Christian University · Masterpieces Series

Robert Jewett on Romans

中原大學・大師系列 4

朱偉特論羅馬書

朱偉特 著／曾慶豹 策劃／譚浚明等 譯

▼

中原大學・大師系列

朱偉特論羅馬書

Robert Jewett on Romans

作者
朱偉特 Robert Jewett

系列策劃
曾慶豹

翻譯
譚浚明 等

執行編輯
梁冠霆

裝幀設計
奇文雲海・設計顧問

■

出版／發行
基道出版社
香港沙田火炭坳背灣街26號富騰工業中心1011室
LOGOS PUBLISHERS
Unit 1011, Fo Tan Ind. Centre, 26 Au Pui Wan St., Shatin, Hong Kong
電話：(852) 2687-0331　傳真：(852) 2687-0281
網址：http://www.logos.com.hk

承印
海洋印務有限公司

●

9/2009 初版
Cat. No. LP173
ISBN 978-962-457-386-2
此系列叢書之出版在中原大學特色研究領域計劃中進行

刷次	10	9	8	7	6	5	4	3	2	1
年份	2018	2017	2016	2015	2014	2013	2012	2011	2010	2009

總序

中原大學為一所具基督教精神的大學，在宗教研究領域方面朝以基督教學術研究為主。我們除了出版國際學術期刊和主辦國際學術會議，近年來又以中原大學名義邀請歐美著名學者相繼到訪，包括神學家、聖經學家、哲學家、社會學家等，與我們分享了他們的智慧與思想，拉近了我們的距離，也把我們帶到世界的舞台。

本系列叢書之構想，主要是集結大師的精要論著和小篇幅的作品予以出版，且輔以簡略地介紹大師的專文，讓讀者可以在文本的世界裏繼續與大師會晤，走向大師，走向他們平易近人的思想世界。

本叢書為中原大學宗教研究所和香港基道出版社合

作出版，我們願與各位分享大師的智慧，並誠懇地邀請諸位，一同參與大師的文字饗宴。

曾慶豹

致中文讀者

本書中的各篇論文，是從城堡出版社（Fortress Press）的 Hermeneia 系列於二〇〇七年出版的一本大部頭的羅馬書註釋所衍生而出的。它們曾於二〇〇八年間以演講的方式，在北京大學、台灣的一些神學院與宗教研究所，以及香港浸信會神學院發表。這些與諸多同道、學生，以及一般民眾對話的機會，讓我深信身處於華人文化的各層面中的人，具有比西方世界中的任何人——包括我個人在內——更好的優勢去理解保羅。這是由於保羅與他的羅馬書收信讀者所代表的一種尊卑文化（honor and shame culture），其接近華人文化的程度，遠勝過任何西方國家的文化。

為何要寫這本羅馬書註釋的部分原因，是出於二十七年之久處理罪與赦免的問題。先前所有的羅馬書註釋書都將「因信稱義」詮釋為個人的罪得赦免與拯救，但我曾因這封書信的希臘原文中悔罪與赦免術語的厥如而受挫多年。隨著這封書信背後的歷史處境逐漸被釐清，也更為清楚地顯示了個人赦罪對於「軟弱者」與「剛強者」之間的衝突所帶來的衝擊太小。這些羅馬教會會眾所使用的歧視性術語，似乎在某些方面與我的國家之中存在的種族、宗教與文化偏見相似，但羅馬書的神學從未被用於處理此種關聯。我以研究羅馬書十四至十五章的「軟弱者」與「剛強者」之間的衝突，來作為建構此一關聯的初步成果，並於一九八二年出版《基督徒的寬容：保羅對現代教會發出的信息》（*Christian Tolerance: Paul's Message to the Modern Church*）一書。此書處理了相互接納的倫理議題，但卻未能對羅馬書中的卑賤地位的議題，提供一種神學或心理學的解釋。後來我對希臘—羅馬與猶太等文化的尊卑體制的進一步研究，導致了《聖徒保羅在電影中的復歸：勝過卑賤》（*Saint Paul Returns to the Movies: Triumph over Shame*）一書於一九九九年出版，當中也闡述了一些現在讀者手中這本書中的洞見。當我的羅馬書註釋成為首部以上帝導正尊卑體制的濫用所造成之苦害這角度來詮釋羅馬書神學的著作，我察覺到許多被忽略的細微之處都被敏銳的華人讀者發現。只因確信所有的人類知識都是「有限的」（林前十三9），所以我在本書中提供一些譯文，作為一種謙卑的貢獻，並深知這些將很快的被其他譯者——他們具有的文化背景能使他們更恰當地理解羅馬書的神學——所提出的譯文超越。

既然所有註釋書都依賴詮釋的前設，在此我便簡單說明我在二〇〇七年出版的註釋書中的長篇導論。我堅稱羅馬書的希臘原文最初共有十六章，當中兩段經文：十六章17至20節a與十六章25至27節是早期教會所增補的。在對所有相關的經文鑑別異文（text-critical variants）的詳細討論中，我不同意涅斯特—阿蘭版本（Nestle-Aland）中的二十六處經文。我的結論是：羅馬書所針對的是一個會眾分裂的處境，在當中作為多數的外邦信徒，已開始將同教會中保守的猶太基督徒認定為「軟弱者」——就在他們因不必遵守猶太習俗與規範而稱自己為「剛強者」時。保羅提供了克服這兩個羣體之間的偏見性衝突的神學基礎，並期盼他們能同意幫助他赴西班牙的宣教工作。他以修辭學原理謹慎地建構他的論述，以對此一衝突的雙方提出呼籲。其結構有一章1至15節的一篇導言、一章16至17節的主旨陳述、四項論據（一18～四25，五1～八39，九1～十一36，十二1～十五13），以及十五章14節至十六章24節的結論。與先前的註釋書不同，我將羅馬書詮釋為一封外交書信，有作為論證式修辭之特色的勸勉與責備等元素，為的是建立與其收信讀者之間的共通點。

我用以詮釋每一章節與段落的中心主旨是：保羅希望獲取對其赴西班牙向化外人宣教的支持，這需要清楚闡明在基督裏所啟示的、公正的上帝之義的福音，以除去目前正在分裂羅馬教會會眾的偏見。在卑賤羞辱的十字架上，基督顛覆了主宰著希臘—羅馬與猶太世界、導致其對於化外人的歧視與剝削，以及破壞羅馬會眾之間關係的尊卑體制。福音將恩典平等地授予所有羣體，摧毀德性與尊貴地位的優越主義的威權預設。保羅的福音對於我們當代的世界而言，仍保有其對於第一世紀的讀者而言相同的革命性衝擊。

朱偉特

二〇〇九年八月五日

前言

羅馬書可謂是聖經的「經中之經」，教會歷史上數次重大的思想變革都從羅馬書取得關鍵的突破性理解，因此，對於羅馬書的解釋，也就決定了一個時代的教會神學發展。做新約聖經研究的學者，更是奉之為圭臬，莫不冀望留下對羅馬書註釋的著述，以此為一生之志業。

毫無疑問，以馬丁・路德（Martin Luther）為首的改教神學對羅馬書的解釋，已支配了好幾個世紀，「因信稱義」被認為是羅馬書與保羅神學的中心。但在二十世紀，這種「神學偏見」卻受到了極大的挑戰，「保羅新觀」（new perspective）是最為重要的一次「重新理解羅馬書」或「重新理解保羅」的神學運動，它挑起了基要主義最為敏感的護教學神經，甚至重燃起了類似「異端裁判所」的舉動。

朱偉特（Robert Jewett）當然不屬於「保羅新觀」陣營中的人物，但他的羅馬書註釋同樣是一個把批判矛頭指向上述「神學偏見」的聖經學者之一，他以「超脱卑賤」來理解保羅在第一世紀所表達的福音，並且展開他對背後的公共或政治生活的高度關注，這從他的羅馬書註釋的意向性，以及其他著作所表現出的關懷可見一斑。

二〇〇七年，朱偉特教授出版了《羅馬書註釋》（*Romans: A Commentary*），本書收錄於極富盛名的 Hermeneia 聖經註釋叢書系列，此書出版之後，朱偉特教授接受了世界各著名大學及神學院的邀請，向讀者們更清楚闡釋他對羅馬書的解釋，因此而贏得了極大的聲譽，並且在他退休之後受海德堡大學（Heidelberg University）神學系同為新約聖經學專家藍柏（Peter Lampe）之邀擔任榮譽客座教授，據説海德堡大學還特別為他爭取了一個空間，以收藏近三十年來由朱偉特收集相關的保羅或羅馬書研究的參考資料，以及相當多的考古或歷史研究的檔案等。這種種迹象顯示，《羅馬書註釋》可以說是朱偉特教授的畢生之作。

我們有幸於二〇〇八年四月間，邀請到朱偉特教授來中原大學主持「羅馬書聖經講座」，為我們言簡意賅地介紹了他在羅馬書研究的成果，本書收錄了講座中的三篇文章（第一至第三篇），之後，朱偉特教授又為本書之出版提供了兩篇文章（末兩篇）。朱偉特教授的子弟、亦為著名華人聖經學者的楊克勤博士，為我們撰寫了一篇介紹朱偉特教授的短文，為本書增色不少。

朱偉特教授此行，主要是獲中華民國行政院國科會以「國外著名學者」之名義邀請到訪，感謝該單位的經費資助。我們除了要感謝楊克勤博士的引薦，也感謝中原大學前任宗教研究所所長謝品彰博士為此講座進行的聯繫和安排，當然，還要感謝著名的華人舊約聖經學者謝品然博士全程陪同朱偉特教授在台灣的行程和活動，他與朱偉特教授在「公共神學」方面有著極為深入的對話，儘管他們分屬新、舊約聖經學者，卻可以在其中找到許多共通的想法，見證了近年來不管在新約或舊約聖經研究，都有志一同關注「公共」這議題，但這可說「不是」為聖經研究打開一個新視野，嚴格說來，他們的努力更貼近於聖經文本以及它賴於生成的世界，這樣的文本及其背後的世界，有著極為明顯不過的「公共」面向，可惜這個事實卻被種種視作理所當然的神學偏見所遮蔽，甚至判定「公共」的解讀為可疑的。本書收集了朱偉特教授重要的文章，並第一次以中文與讀者見面，尤其是它對公共神學的強烈暗示，這將有助我們對他那本鉅著羅馬書註釋（超過一千頁）有著最為基本的理解和把握。

曾慶豹

作者簡介

朱偉特教授是新約專家，以原文和歷史鑑別釋經斐譽國際學界。他以現代先知的精神和跨文化的視角，針對全球政治、經濟等衍生出的文化問題，喚起學者和平信徒從文化視野來詮釋聖經，回應現代人的精神渴求。

他出生於牧師家庭，從小就意識到聖經神學的公共責任，年輕時努力求學，於美國芝加哥大學（University of Chicago）碩士畢業，並於德國圖賓根大學（Tübingen University）榮獲神學博士學位。

自一九六六年起，他任教近四十多年，其中二十年在美國西北大學（Northwestern University）及迦勒特神學院（Garrett-Evangelical Seminary）授課，指導碩士生和博士生，與學生們亦師亦友，桃李天下。退休後（二〇〇〇年），他在德國海德堡大學任客座教授，負責跨學科項目和羅馬書書目的電子化工程，並寫成在國際上久負盛名的 Hermeneia 聖經註釋叢書系列的《羅馬書註釋》（二〇〇七年）。自二〇〇七年八月起，除了在海德堡大學任教之外，英國威爾士大學蘭彼德分校（University of Wales Lampeter）也聘請他為聖經和歷史神學教授，專門指導研究生。

朱偉特教授著作等身，學術文章近二百篇，論著二十餘種，如：《保羅人類學詞彙》（*Paul's Anthropological Terms*, 1971）、《保羅生活的年代》（*A Chronology of Paul's Life*, 1979）、《保羅與電影》（*St. Paul at the Movies*, 1993）、《保羅，美國的使徒》（*Paul the Apostle to America*, 1994）、《美國首領與向罪惡宣戰》（*Captain America and the Crusade Against Evil*, 2003）、《宣教與威脅：四個世紀的美國宗教狂熱》（*Mission and Menace: Four Centuries of American Religious Zeal*, 2008）。在二〇〇六至二〇〇八年期間，他訪學歐亞，主講在羅馬書註釋方面的新見

解，並嘗試從不同文化處境來探討榮辱價值與基督福音的課題。

楊克勤

朱偉特教授二〇〇八年於中原大學「羅馬書聖經講座」上攝

於中原大學演講後與與會者合照

朱偉特教授造訪(台灣)政治大學，與蔡彥仁教授對談

攝於聖地牙哥「聖經文學年會」(SBL 2007)；左起：謝品彰博士、朱偉特教授、曾慶豹博士

目錄

1

羅馬書，一封宣教書信：超脫卑賤的地位（一1～17，十四1～十六16）

謝樂知、譚浚明 譯

一　導言

詮釋者若能掌握中華文化有關「面子」以及「羞恥感」的心態，便能比其他西方詮釋者更接近羅馬書的文化背景及其內容。如果真是如此，東方學者的羅馬書詮釋將是下一世紀最重要的聖經研究著作。為證實我這個論點，我要先來闡述一個「盲點」。

截至目前為止，在以西方學者為主導的羅馬書研究中，我們發現一奇特的現象。我們發現學者們對於羅馬書十四章1節及十五章7節兩次的「接納」，以及十六章重複出現二十一次的「問安」顯得興趣缺缺。在羅馬書汗牛充棟的文獻中，我們找不到任何專論這些用詞的文章。[1] 學者們對於十六章16節的「聖吻」（“holy kiss”）似乎還有些興趣，[2] 但卻同樣沒有文章解釋這段經文在集會處境中及書信論證中所扮演的角色。至於研究羅馬書「榮」、「辱」辯證的文章，則沒有提到經文背後隱含的尊榮賓客（honoring guest）的社會功能。[3] 保羅的勸勉共同構成了書信的高峯（climax），其重要性自是不言而喻。但由於釋經學者缺乏神學和社會學的敏鋭度，故而錯失了這些重要經文的要義。自奧古斯丁（Augustine）以來，罪和赦罪主宰了羅馬書的主題，致使整個神學傳統，面對「貶抑排斥」（“shameful exclusion”）、「尊榮迎賓」（“honorable welcome”）這類普遍的社會議題，絲毫不感興趣。然而，這些主題究竟在保羅書信中扮演著甚麼樣的角色？我們是否能從中找到二十一世紀「尊榮迎賓」的新倫理學基礎呢？帶著這些疑問，我們首先要看的是書信開始處的榮辱修辭。

二　羅馬書看卑賤地位的超越

尊爵（E. A. Judge）認為，保羅的羅馬書顛覆了古代的文化。所有的古代傳統文化都認為追求榮譽是人生惟一的目標。「所有人都同意，授予榮譽乃是惟一適合於公共活動的獎賞」。[4] 藍登（J. E. Lendon）進一步證實了這種説法。他在其《榮譽的王國》（*Empire of Honour*）一書中談到羅馬帝國的上層階級時説：

> 當偉大的貴族低頭凝視下層社會時，他腦海中浮現一條臨界線，凡在臨界線以下的都沒有榮譽可言；那裏存在著一大羣人，全都沒有榮譽，而且最好永遠保持這樣的狀態……奴隸是這羣人中的原型（archetype）。

羅馬人眼睛所看到的，絕大多數都沒指望取得這等榮譽。早期的基督徒，生於羅馬的階層社會，大多是奴隸或是獲釋的奴隸，他們生來就低人一等，且倍受輕視。新約中的羞恥，指的不單是行為上的羞恥，還包括了外在地位上的羞恥。[5] 羅馬書中較常見的乃是後者。這事實上也是最具殺傷力的恥辱：他人的偏見被內化到自己裏面，而自己和其所屬的羣體，因而被視為無用，生命的價值遭到徹底的貶抑。

摩凱拿（Halvor Moxnes）在其〈羅馬書中的榮譽與公義〉（“Honour and Righteousness in Romans”）一文中，再次把羅馬書放回古代的文化脈絡中。對古代的「榮譽社會」而言，「他人的承認與肯定」十分重要，這也意味著「羣體要比個體來得重要」。[6] 這恰好與當代西方主流的羅馬書詮釋背道而馳。主流的詮釋認為「罪咎（guilt）與罪咎感（guilt feeling）來自錯誤的行為」。[7] 摩凱拿更進一步指出，榮譽和羞恥以及其他相關語彙，全都在羅馬書中扮演重要的角色；所謂的相關語彙，包括「榮譽、不名譽、無恥、羞恥、遭羞辱、榮耀、頌揚、稱頌、誇口」，每一個都十分重要。羅馬書之所以強調榮辱，與其寫作目的有關。摩凱拿認為，羅馬書的目的是「要將信主的猶太人和信主的非猶太人融合為一個羣體」。[8] 因此，雙方必須擺脫貶抑對方以及排斥對方的態度；然而，這並不是單單赦罪就可以辦到的。因此，對羅馬書而言，罪咎和赦罪僅屬次要。

另外，我想進一步補充摩凱拿所忽略的各種社會歧視的框架：

1. 「希臘人與化外人，聰明的與愚拙的」（參一14）。

2. 「外邦人」這個帶有羞恥意味的詞彙一共出現了二十八次。[9]
3. 區分了「軟弱的」與「強壯的」兩種人（參十四1～十五7）。
4. 「接納」與「問安」同是表達榮譽的方式，這兩個詞一共出現了二十五次，是最後三章中最重要的主題。
5. 「公義」與「使之為義」（“make righteous”）一共出現了七十次。

以上經文，相較於三章25節惟一的一節經文：「寬容人先時所犯的罪」，主流的詮釋顯然錯把次要的當作主要的。傳統的羅馬書神學，注意力全都集中在個體身上：個體因為違背律法，有了罪咎，故而需要赦罪；在此，我要提出另一種取代方案：羅馬書的中心議題是要導正世界，超脫那些敗壞了的、旨在奉行各式律法的榮辱系統。

若是如此，則保羅書信將以嶄新方式，更加切合於我們二十一世紀。過去西方人因為時常違犯律法，所以畏懼地獄火湖，故強調赦罪自有其適切性，但對今日的社會而言，赦罪已經失去了它的適切性。歐洲人與北美人再也不覺得自己受制於律法，非洲人與亞洲人則向來就沒有聖經式的律法傳統。我們這時代最嚴峻的衝突來自於社會歧視所帶來的恥辱。在這「聖戰世代」（“era of Jihad”）中，占據著新聞焦點的穆斯林（Muslim）憎惡外來的宰制，他們感受到歧視的目光。與此相應的，乃是美國所主導的西方侵略性政策，他們流露出來的是自豪的優越感。另外還有許多其他國家，過去遭受帝國主義的各式欺壓，他們夾帶著怨恨，開始反擊過去的主人，使得國際間的和平難以維繫。面對這樣的當代處境，保羅的書信深具適切性；因為羅馬書一至三章説道：沒有任何人要比其他人來的更優越，所有的民族都犯罪虧缺上帝的榮耀。某些羣體可能會認為，他們能夠贏得上帝的祝福，是因他們德性卓越的緣故，但羅馬書三至六章、九至十一章則説道：人得救是單靠恩典。是的，我們應當以更適切的社會學語言，重新詮釋宗教改革時代的經典教義——「因信稱義」。因信稱義就是承認基督的福音，承認祂為羞恥之人承受了可恥的死，使所有人都能同得榮耀。保羅在三章最後説道：上帝並不是猶太人的上帝或是外邦人的上帝，因為他的義是公正的（impartial）義。我們若是對此有所了解，那麼，我們就當停止彼此之間的伐韃，共同接受國際法的檢驗標準——此乃世界和平能否成就的關鍵。

三　向西班牙化外人宣教的挑戰

羅馬書神學的新取向與羅馬書的寫作目的密切相關。這封信的目的，是要爭取羅馬教會支持並共同參與西班牙的宣教工作。令人意外的是，保羅在一章14節用了歧視性的字眼：「希臘人、化外人……聰明人、愚拙人」。這些用詞以粗暴的方式表達了希羅社會中的社會界線。道格（Yves Albert Dauge）與其他學者的研究顯示，[10] βάρβαρος 就好比是希羅文化中的“N-”字。相對於「希臘人」，它代表的是暴力、危險、腐敗，以及不文明的世界，它不屬於羅馬，但卻又存在於羅馬帝國中，對其和平穩定造成威脅。中國古代對於北方蠻族的看法，可能與此相去不遠。σοφός（“wise”）與ἀνόητος（“unwise / uneducated”）則是在羅馬帝國公民和卑賤大眾之間劃出界線。但困擾讀者的不只是他的用語，還包括了他的講論。他說他欠卑賤人的債，也欠尊貴人的債，這種說法消弭了希羅世界中的道德前題。

在這段令人印象深刻的話之後，保羅接著在一章16至17節做了個對比：「先是猶太人，後是希臘人」，這句話把羅馬教會占多數的外邦基督徒所宣稱的族裔優劣次序倒轉，做了一百八十度的改變。[11] 保羅接著說道「不以福音為恥」（一16），這句話同樣也是書信中的一大主題。哥林多前書一章20至31節的平行經文顯示，對古代文化而言，福音根本就是個恥辱。救主彌賽亞被釘十架的信息「在猶太人為絆腳石，在外邦人為愚拙」。來自可憎十架的神聖啟示，不僅貶抑了上帝，也是對猶太和希羅文化中得體、可敬的宗教傳統的輕蔑。這福音根本就是設計來吸引那些受鄙視且又毫無權力地位的人，而非社會中尊貴、公義的成員。套句哥林多前書的話來說：「上帝卻揀選了世上愚拙的，叫有智慧的羞愧；又揀選了世上軟弱的，叫那強壯的羞愧。上帝也揀選了世上卑賤的，被人厭惡的，以及那無有的，為要廢掉那有的，使一切有血氣的，在上帝面前一個也不能自誇。」（林前一27～29）從社會禮俗的角度來看，保羅應該為這福音感到羞恥；但他卻不感到羞恥，這意味著福音帶來了社會和意識形態上的革命。

福音帶來的革命與西班牙的宣教有直接的關聯性。在羅馬書十五章24節中，保羅談到其宣教計劃時說道：「盼望從你們那裏經過，得見你們，先與你們彼此交往，心裏稍微滿足，然後蒙你們送行。」24節中的「差往」／「送行」是與西班牙宣教有關的重要元素，學者們大多同意，這個詞彙是早期基督教宣教圈內的專用術語。[12] 保羅謙卑地透過這用語，請求對方支持其宣教工作。[13] 保羅在十五章28節提到，在捐獻送交耶路撒冷後，「就要路過你們那裏，往西班牙去」。保羅再次以暗示的方式，邀請羅馬教會參與並支持西班牙的宣教計劃。

但究竟為甚麼西班牙的宣教工作需要如此周詳的籌備？若誠如我於註釋書所言，羅馬書與西班牙的宣教工作有直接的關聯性，究竟這種關聯性是如何產生的呢？西班牙的宣教工作為甚麼不能像帖撒羅尼迦的宣教工作一樣？或者像哥林多的宣教工作一樣？為甚麼不能在沒有事先準備的情況下展開宣教工作呢？為甚麼不能直接去找個會堂，找個恩庇人（patron），建立以歸信者為主的地方集會？我們目前已有足夠的資料，可以幫我們找到一切正確的答案。

新資料提供的線索包括：第一，朱利亞—革老丢（Julio-Claudian）時期西班牙擁有的猶太人口數目。早期的註釋書，因為受到早期資料的影響，都認為西班牙有猶太社羣存在。[14] 但波爾（W. P. Bowers）的研究顯示，一直要到西元三、四世紀，西班牙才有真正具規模的猶太社羣存在。[15]

缺乏猶太社羣的西班牙為保羅的宣教策略帶來了許多困難。西班牙不僅沒有猶太人作為傳福音的對象，也沒有敬畏上帝的外邦人（God-fearers）或是外邦改信猶太教的人；少了這些人，保羅難以在西班牙城中找到開創教會的核心成員。少了信奉《七十士譯本》（Septuagint）的信徒，自然也就少了對彌賽亞感興趣的人士。沒有會堂的西班牙，不似其他東方的希臘城市，它缺少用來建立宣教基地的各式途徑。保羅通常都是以地方會堂作為宣教活動的起點，直到遇見阻攔或是有新的恩庇人出現，[16] 他才會轉而建立獨立的宣教基地。沒有會堂做為起點，要找到適合的恩庇人，勢必十分困難，對身為手工藝階級的保羅來說更是如此。

除此之外，缺少會堂還會進一步造成經濟上的困難。會堂常是猶太旅人憩息的地方，也是他們洽談生意的地方。少了會堂這項資源，建立基地以及尋找恩庇人等事宜勢必得要預先安排。西班牙的經濟資源受羅馬管轄，幾乎所有礦業、工業和地產都操控在帝國手中，[17] 因此，要想解決經濟問題，就必須先尋訪那些與官員有來往的人。缺乏猶太社羣，為宣教帶來許多新的挑戰；因此，為西班牙宣教作事先規劃絕對有其必要性。

考量到保羅宣教期間的西班牙文化處境，我認為羅馬書一章14節中所謂的可恥的「化外人」，從羅馬人的角度來看，應該包括了當時的西班牙人。西班牙除了少數羅馬化的上層階級外，其餘百姓大多不受表面的羅馬文明所影響。[18] 特別是鄉郊地區以及北部地區，這兩個地區幾乎不曾接觸過任何的希臘文化。因此，一般而言「只有少數西班牙人擁有拉丁公民權，並受到羅馬化所影響，其餘的大多維持不變……」[19] 問題關鍵在於，西班牙採用的究竟是甚麼語言。對操希臘語的保羅來說，語言是一大障礙。在大城市中講拉丁語或許可以，但「西班牙的伊比利人（Iberians）與塞爾特伊比利人（Celt-Iberians）用的都是自己的語言」。[20] 近期的西班牙文化研究已經證實了這些說法。

西班牙的處境，嚴峻地挑戰了保羅的宣教策略，包括了語言上與政治上的挑戰。保羅必須要用拉丁語宣道、教導，但我們沒有任何證據顯示保羅熟悉拉丁語，因此他將需要有人協助翻譯。要取得相關的資源並不容易，因當時並沒有希伯來聖經的拉丁譯本。證據顯示，一直要到二世紀中才有拉丁語教會。[21] 羅馬的教會直到三世紀中都還是採用希臘語的，[22] 而其餘的西方教會則是一直不斷地與希臘移民保持聯繫。[23] 要將福音、儀禮、傳統教導翻譯成另一種語言，工程十分浩大，倘若不願局限於西班牙內有限的拉丁文明，翻譯的需求勢必更為浩大。不同於帝國中希臘化的城市，拉丁化的城市大多都是羅馬權力、文化的前哨站，在這種情況下，保羅必須慎選恩庇人，選出來的恩庇人必須不為百姓所憎恨才是。[24]

總而言之，西班牙的宣教不同於保羅以往即興式地宣教的方法，必須要事先規劃，以及得到旁人支持。

四　勝過羅馬集會中的沙文主義

有了傳福音給西班牙「化外人」的挑戰，我們也就可以了解，為甚麼羅馬書會以大篇幅的方式，想要克服羅馬會眾中的沙文主義的舉止（chauvinistic behavior）。其原因就在於，這些會眾互視對方為可怕的化外人，不願接納對方，這種行為根本無異於西班牙中的羅馬人。若在這種情況下推動宣教，則對西班牙人而言，不過又是可憎的羅馬強權的另一次迫害。這就是為甚麼保羅要花這麼多心思，極力克服沙文主義。

保羅在十四章13節及十五章7節中，告誡信徒們要彼此「接納」。釋經學者大多同意，這兩句話（及其文脈）與當時會眾的處境密切相關。羅馬書具有一種特殊的倫理觀，這倫理觀是這樣開場的：「信心軟弱的，你們要接納，但不要辯論所疑惑的事」（十四1）。這句話明顯是指保守的猶太基督徒，他們被稱作「軟弱人」，且被占多數的外邦基督徒所歧視。「軟弱人」很可能是外邦人拿來揶揄他們用的，嘲諷他們太過軟弱，以致無法掙脫猶太律法。這羣人很可能包括了十六章提到的流亡猶太基督徒；在革老丢驅逐令（Edict of Claudius）式微後，這羣流亡的猶太基督徒又再度回到羅馬城。非弗（Wolfgang Wiefel）的研究指出，他們雖然回到羅馬，但卻不被當年親手栽植的羣體所接納。各式的衝突於是開始浮現，衝突的層面涉及神學、倫理、敬拜、領導等等。從保羅的告誡中，我們可以知道，這羣人會獲准進入集會，不過是要他們參與「辯論疑惑的事」，目的是要把他們逼到死角，告訴他們事情的究竟。但保羅卻堅持必須毫無保留地接納對方，自由的一方必須接納保守的一方，且不應要求他們做出任何改變。從十五章7節可以看出，保維把這原則朝兩方面延伸出去：「你們要彼此接納……使榮耀歸與上帝」。與此相應的是十四章1節至十五章7節，保羅禁止一方試圖去改變另一方，相反的，彼此應當相互建造，盡力維護對方，以及其來自不同神學和文化背景所帶來的不同理念和實踐。

保羅在十六章問候了許多人，這些人全是他先前在地中海東部宣教時所認識的。他們現在回到羅馬。這與我們目前所知的羅馬官方政策相吻合。西元四十九年，猶太人為了一位稱作「克雷斯土」（“Chrestus”）的人起了爭執，皇帝革老丟下令把滋事的猶太人統統逐出羅馬。我接受主流的看法，相信是由於「基督福音的信徒」與「羅馬會堂中熱心律法的猶太人和傳統主義者」兩者之間的衝突導致驅逐令。這道命令中斷了城內的會堂生活以及教會生活，其影響力一直持續到西元五十四年，即革老丟逝世為止。在十六章3至5節的問候名單中，包括了百基拉和亞居拉；按使徒行傳五章的說法，保羅是在西元五十年冬天來到哥林多時，在那裏遇到這兩位被逐出羅馬的人。在十六章中同樣可能遭到驅逐的人還包括：以拜尼土、馬利亞、安多尼古和猶尼亞、暗伯利、耳巴奴、士大古、亞比利、希羅天、土非拿、土富撒、彼息、魯孚和他母親。保羅很可能是在他們流亡在外時認識他們的，這是保羅之所以認識這些早期基督徒領袖最可能的一種解釋。西元五十六至五十七年冬天，保羅在哥林多寫羅馬書的時候，正值尼祿（Nero）統治初期，那是一和平穩定的時期，而保羅知道這些過去被逐的人，現在全都回到了帝國的首都。

藍柏（Peter Lampe）是我在海德堡的同事，他寫了一本有關羅馬基督教的鉅著，[25] 突破了過去所有的研究，指出了基督教在羅馬城中的發源地。基於考古和文獻等五種不同證據，藍柏利用地型學方法（topographic），指出特拉斯特維（Trastevere），以及位於亞壁安道（Appian Way）、住了許多移民的卡佩納門（Porta Capena），兩者同為早期家庭教會的發源地。這兩個地方都是貧民窟，住的都是奴隸和手工藝者，全是羅馬社會中地位最為卑賤的人。十六章提到的人也屬其中一部分。

接納外來卑賤者的主題，在第十六章中不斷地重複。「問⋯⋯與⋯⋯的安」以不同形式重複了二十一次。希羅文化的「問候」，是要用雙手環抱對方，以擁抱和親吻的方式表示接納。這類舉動經常可以在客人進入屋內或進入賓主住所時看到。因此，這些不斷重複的告誡，其用意與十四章1節及十五章7節相同，就是要接納對方進到愛宴（love feast）之中。

保羅要求會眾彼此接納，如此才能克服早期基督教的內部衝突；保羅的請求在十六章16節達到高峯——「你們親嘴問安」。對我們來說，親吻是一種常見的問安的表達方式，但保羅那個時代，親吻卻是家人之間的問安的表達方式。家人見面時會親吻對方。對早期基督教羣體而言，聖吻是大家庭成員間團結一致的印記。透過聖吻，信徒承認對方是我的「弟兄」、我的「姊妹」；聖吻是表達推崇（honor）的最佳方式。早期的基督徒大多沒有置產，因此，信徒們會相聚一起用餐，親吻的對象因此也就擴大了。聖吻是早期基督教愛宴中的一大特徵。我要強調的是，「彼此問候」是為了要克服基督徒羣體之間的對立和歧視，惟有如此，羅馬信徒才有機會向那些身處帝國之外的西班牙人宣教。

基督徒的沙文主義背棄了福音的大恩，阻礙了保羅向西班牙化外人傳教的工作，今天也仍舊一樣，阻礙了福音團結合一的工作。

五　羅馬書七章以及奮鋭黨衝突的議題

因與本文的主題相關，我想簡略地描繪羅馬書七章在社會衝突的處境中的適切性。我會跟隨史陶爾（Stanley Stower）、亞勒題（Jean-Noël Aletti）與艾達特（Jean-Baptiste Édart）等人的修辭研究，它們發展了關於 *prosopopoeia* ——角色扮演的言說（Speech-in-Character）的希臘概念。

這是一種被廣泛使用的論述方法，當中虛構的角色，被賦予一種聲音去介紹重要的理念。在我的釋義研究中發展出來的前提下，保羅便將自己描繪為在他改宗之前的人——一個完全遵守猶太律法的奮鋭黨狂熱分子；但帶著熱切的心去獲得榮譽，卻產生了惡果。在加拉太書一章13至14節中，保羅形容了這樣的競爭熱忱：

你們聽見我從前在猶太教中所行的事，怎樣極力逼迫殘害上帝的教會。我又在猶太教中，比我本國許多同歲的人更有長進，為我祖宗的遺傳更加熱心。

這是一個宗教動機比所有人都正直的人，並具備一種完全可理解的特性——當他嚴重地執迷於追求古代地中海世界的榮譽。但其追求的結果，卻導致兩難的局面，在七章19節被描述出來：「我所願意的善，我反不做；我所不願意的惡，我倒去做」。保羅身為一個早期基督教的逼迫者所追求的「善」，是以遵行律法帶來上帝國的降臨。他想要跟隨上帝的意志，但透過與復活的基督相遇，他發現他正在與上帝所派來的彌賽亞對抗。

保羅在羅馬書七章所形容的，不是在實現律法上的失敗或是抵擋不虔不義之人，但卻體認到如此激烈的律法主義完全無法實現善。

在七章20節中，保羅確認這個兩難的基本原因：「若我去做所不願意做的，就不是我做的，乃是住在我裏頭的罪做的」。在7節中，他已解釋：「這樣，我們可說甚麼呢？律法是罪嗎？斷乎不是！只是非因律法，我就不知何為罪。非律法說『不可起貪心』，我就不知何為貪心。」一位曾任教於海德堡大學的新約教授定義「慾望」為「律法主義式的慾望」（“nomistic desire”），以作為一種與加拉太書五章16至17節、羅馬書六章12節，以及十三章14節中的詞「肉體」（“flesh”）相關的證據，且也涉及加拉太書三章3節與腓立比書三章3至7節論及律法之實現的經文。這是往正確的方向前進了一步。但自從「律法主義式的慾望」涉及一項對保羅思想中的主體性與個體主義的具爭議性理解，因而便容納了一個保羅不想分享的反猶太人的偏見元素，我寧願維持保羅在此引證十誡的脈絡。「慾望」就其本身而言並未被禁止，被禁止的是欲求他人所有之物的慾望。「不可貪戀人的房屋；也不可貪戀人的妻子、僕婢、牛驢，並他一切所有的。」（出二十17）在保羅的解釋裏，他心目中的罪：是欲求完全正當地屬於另一個人的東西，這也符合了希臘羅馬與猶太文化強烈競爭的環境：我已形容過在當中每一個人都被引導去爭取比別人更多的榮譽，這也將他們置於不名譽的輸家的地位上。在這種「角色扮演的言說」中，一種為了追求榮譽而產生的罪惡競爭，被形容為符合保羅在加拉太書一章14節所承認的：「我又在猶太教中，比我本國許多同歲的人更有長進，為我祖宗的遺傳更加熱心」。為了榮譽的競爭，已允諾他社會的聲望與神聖的讚許。

在往大馬士革的路上，令人震驚的發現是，如此的競爭是罪的權勢存在於宗教動機的最核心之處的證明。保羅發現到他的宗教動機被追求地位的慾望所腐化。沉迷於攫取榮譽，將從別人那裏剝奪別人也應分享的榮譽，並在意願善與實現善之間產生了悲慘的深淵，也將神聖者濫用為獲取比他人更優越地位的工具。保羅使用這個「角色扮演的言說」去告訴羅馬的會眾們：它們彼此的競爭使他們走在一條錯誤的道路上，並且這種帝國主義式的觀點必須被轉化，是為了正直地參與向西班牙所謂的「化外人」的宣教。

這種詮釋是適切於二十一世紀的，因為我們美國人與伊斯蘭聖戰主義者（Islamic Jihadists）雙方都介入了伊拉克的問題，並且都相信我們會實現善，但也都發現我們所反對的深沉邪惡，是由我們的行動引發的。雙方都藉將動機化為行動以證明我們的理念與文化的優越性，也都期待著從所使用的暴力手段中得到快樂的結果。我深信羅馬書的洞見，對伊斯蘭追隨者及對我們自己都是適切的。

六　再釋羅馬書的主題：給二十一世紀

羅馬書的主題是：上帝的義是世上最強大的能力。在一章16節中，保羅說福音「本是上帝的大能，要救一切相信的」。福音就是基督羞辱的十架，這福音擊潰了所有想要維護文化優越感的努力。基督的死顯出上帝無比的愛，但也顯出人無比的墮落。基督揭示了宗教最深層的矛盾，宗教可以被誤用為獲取身分地位的工具，人也可以透過宗教講出這樣的話：「我比你更為有義」、「我比你更懂得何為自由、何為平安。」因此，保羅堅信福音是給「所有相信的人」，無論是希羅人或是化外人。上帝的公義，扭轉了國家／羣體設立的各種不公義的榮辱系統，並顯出上帝同樣地愛所有人，祂的愛是神聖、公平、公義的。上帝的大能要求我們彼此接納。西方詮釋者對此並不了解。自宗教改革時期以來，西方詮釋者用盡全力想要找到正確無誤的稱義教義，想要藉此證明自己比其他信徒來的更為卓越。這使得西方註釋者忽略了羅馬書的高峯，也就是最後的章節——內容是要以彼此接納取代神學上的排他。我會在後文中回到這個主題。我也會在後文中指出十六章17至20節與十六章25至27節是後來外加的，這兩段經文意圖規避保羅論述中的寬容意涵，想把保羅所贊同的規範改為不寬容的排他。

透過這封長達十六章的書信，也是保羅最長的一封書信，保羅要信徒認識並實踐基督所彰顯的神聖公義。這對於我們該如何理解十五章33節的「平安的上帝」，以及十五章7至13節的全球復和（global reconciliation）有直接的影響。神聖公義如果確實是公平的，那麼在國際關係上，我們就應當在國際法前，承認所有國家都具有平等地位；在教會事務上，若遇上與羅馬教會相似的爭競局面，我們就應當邀請對方進到家中的愛宴，一同歡慶基督——透過祂為卑賤人所承受的可恥之死——所設立的團契（*koinonia*）。我們若願彼此接納，願在見面時為對方獻上神聖的一吻，神聖的公義和救贖的大能也就因此展開了。

進到二十一世紀，我們應當對許多議題有更清楚的了解，包括早期基督教的社羣主義（communalism）、化外人的卑賤地位、宗教如何淪為追求榮耀的工具、上帝不偏待人的信息等等。無論是在基督徒、在穆斯林、或在猶太人中，都有支持暴力的信徒，他們代表的是遭到曲解的神聖正義，即妄想透過暴力以成善。福音——基督的羞辱十架——至今仍舊向我們說話。福音揭示了神聖公義才是宇宙中真正的權力中心，它克服了所有的卑賤地位，它告訴我們，無論我們身在何處，或在耶路撒冷，或在地極，我們都是上帝深愛的兒女。在基督裏再也沒有化外人和帝國公民之間的分別。保羅渴望藉由羅馬書達成全球復和的目標，如果我們了解並實踐其中的道理，二十一世紀或許可以實現保羅的目標。

2

壓制真理與不問人世榮辱觀的神聖審判（一18～三20）

郭大維 譯

一　序言

一章18至32節的傳統詮釋認為：保羅是以傳統希臘化的猶太人與非猶太人之間的爭辯，來抨擊外邦人；因此，他論證攻擊的目標並不包含猶太收信者。而一般對二章17節至三章8節的詮釋則認為：保羅只是以猶太人根深蒂固的偽善為前提，來譴責他們。這條進路強化了傳統上榮耀與羞辱的界線：「我們的團體是榮耀的，而我們的敵人是羞恥的，他們將在審判之日遭受天譴。」傳統的進路，要求鞏固信徒相對於非信徒在本質上的優越性。雖然這段經文中，保羅確實使用了不少傳統術語，但這個論述本身卻與傳統所理解的不同，它將罪定義為對真理的普世性壓制，同時也將天譴定義為當下可見、來自壓制真理所導致的扭曲。在三章9至20節中，保羅表示全人類都有分於這場對抗真理和公義的活動。

二　從十架事件將罪重新定義為對神聖真理的邪惡壓制

保羅的論證始於一章18節，陳述了人類壓制真理的主題，緊接著先敘述人類意圖壓制上帝真理的根本原因（一19～20），隨後則是壓制的方式（一21～23）。許多詮釋者所遇到的難題是：保羅如何能以「**因為**上帝的忿怒已顯明出來……」開始陳述其主題。*gar*（「因為」）用作「原因或理由的標記（marker）」（*BAGD*〔2000〕, 189），指出有關忿怒的討論，直接支持一章16至17節中與福音相關的論點。但這怎麼可能呢？忿怒似乎是對立於顯現在福音之中的恩典，也就是一章16至17的主題，而所需的連接詞似乎是「但是」（“but”）。

與其圍繞在這點上，我建議我們的詮釋應該從這樣的事實出發：保羅這封信是寫給基督信仰者的，這些人在極大的危難中，接受了基督釘死和復活的信息。一旦考慮到此信息中榮耀／羞辱的層面，就不難理解保羅是對這樣的假設開刀：基督的福音揭露了人們試圖壓制真理並可恥的「心裏的隱情」（二16；林前十四25）。基督的十字架揭露了一種撲滅上帝真理、向祂宣戰的傾向，這種傾向迄今仍不被承認，而它使得人類、習俗得以維持卓越德行與榮耀的假面。基督的復活揭露人心裏所籌算的邪惡隱情，並揭發一個駭人的真理——人試圖逆轉神人角色的本性。在爭奪榮耀的過程中，全世界的人都主張一種單單來自於上帝、而最後成為羞辱扭曲的狀態。既然福音顯明這樣的景況，那用「因為」這個字就是合理的了。

十字架事件顯明了上帝震怒的對象是「一切不虔不義的人」，這個總括性敘述包含了對上帝的不敬以及獲罪於人羣。這種行惡「壓制真理」的目標，是上帝和他們自己。這句話應該翻譯為現在進行式（present progressive）比較好：那些在不虔不義之中的人「正在阻擋真理」。人類與政權不斷試圖掩飾與他們自己，以及自私地求取榮耀和地位有關的真理，正如那位義者被釘死的例證中所顯示的那樣。在有關基督受死和復活的福音信息中，「上帝的忿怒」現今正以這樣的方式「顯明」，以揭發、審判這不義之行。

全人類毫無例外地有分於以下這節經文：「上帝的事情，人所能知道的，原顯明在人心裏，因為上帝已經給他們顯明了」，這論述反駁了我們在前一章所提及的：一章14節中一些廣泛通行的簡化說法。希臘人與羅馬人都確定化外人對上帝一無所知，而猶太人常覺得所有外邦人都缺乏對上帝和律法的真知識。保羅的總括性觀點特別激進，因為這裏的「他們」，所指的是那些壓制真理的人——特別是三章30節，保羅論證中最後提到的罪人，包含了世上所有的人。沒有開放任何豁免權（exceptionalism）。

在一章20節中，保羅繼續描述全人類都具備的知識，但是他們卻壓制這個知識，以遂其扮演上帝的慾望。上帝的「永能和神性是明明可知的，雖是眼不能見，但藉著所造之物就可以曉得，叫人無可推諉」。接下來三節經文，詳述人類試著壓制上帝真理的手段，並以此獲取那些他們自以為應得的榮耀。全人類都在同樣程度上壓制真理。雖然不少註釋者認為保羅在這段經文中只針對外邦人，但一章18節對「一切不虔不義的人」

的總括性註解，以及一章21節的總括性措詞，消除了這種漏洞。保羅的激進觀點順著基督十字架的邏輯，揭發了人人都共謀抵擋他所說的真理。十字架揭示了榮辱觀根本上的扭曲，在此，普世性對卓越地位的渴求，歸根究柢是與上帝為敵的。當人類做如是的倒置，「他們的思念變為虛妄，無知的心就昏暗了」（一21）。這樣的語言使用，屢屢出現在猶太文獻中，這使得註釋者以為保羅在此所抨擊的是外邦人的偶像崇拜，然而羅馬書的思路，卻迥異於相似的猶太文獻。與其從傳統的論述路線入手，認為保羅為維持種族優越性而抨擊偶像崇拜，倒不如說他在此將論證建立於壓制上帝真理的普遍現象之上，並且描述一連串導致偶像崇拜的後果。在「自稱為聰明，反成了愚拙」這個機智而印象深刻的表達中，保羅以新的眼光來看一章14節這個宣教性對照（missional antitheses）：在世上自以為優越的「智者」，從福音的亮光與天譴的觀點（prospect of wrath）看來，其實是傻瓜。他們與那些「愚拙人」同樣需要福音。

這個抵擋上帝活動的高潮是偶像崇拜，而保羅的措辭則強調了挑釁意味的成分：「將不能朽壞之上帝的榮耀變為偶像，彷彿必朽壞的人和飛禽、走獸、昆蟲的樣式」（一23）。這段敘述改編自詩篇一百零六篇20節，其中提及「金牛犢事件」，但它常被誤以為好像是人從事先存在的選項中作選擇。然而，保羅主張人類挑釁地創造了這個錯誤的幻想。因而，人類困境的核心，並非如希臘羅馬人所認為的不認識真理，或者如許多猶太人所相信的，是屈從於邪念的誘惑；人類困境的核心，乃是主動壓制真理的活動。基督十架的信息，揭露了一種超越我們所能想像，更深層、更普遍的困境，並且基督的十架徹底根除了一切道德、文化優越性的主張。

「形象」（“likeness of an image”）這個奇怪的措詞，意味著人所崇拜的是「對摹本的模仿」（“a copy of a copy”），是隔了兩層的形象，即使對受造物型態精確描繪的偶像，也是一種扭曲。諷刺性的詞語選擇，用來更進一步揭露一章22節中無知的愚拙人的錯謬，現在，他被描寫為愚蠢到未能發覺自己仿冒品的矛盾之處。在羅馬的宗教與政治中，有相當多崇拜人類、鳥、獸、蛇的例子。除了希羅的懷疑論哲學家外，上帝都會被想像為如動物或人類一般，肖像的力量牢不可破地存在於硬幣、羅馬軍旗、藝術、羅馬建築，以及其他希羅城市之中。以色列史中也有參與偶像崇拜的時候，包括了本段中明顯提到的金牛犢事件。既然所有的文化都顯示出以崇拜必朽壞的形象來壓制真理的證據，就說明了邪曲、有意地「將不能朽壞之上帝的榮耀變為偶像」是一個普遍性問題，在這封信的福音中詳細說明的，是一種總括性意義。

三　公正的天譴作為社會亂象中的普遍經驗

在一章24至32節中，保羅說明性的倒錯（sexual perversion）與社會病態（sociopathology），顯示出天譴已然向那些壓制真理的人顯現。「敬拜事奉受造之物」（一25）使用了一個來自希羅與猶太宗教的字眼。「敬拜」（"venerate"）一字在新約聖經中只使用了這麼一次，或許是因為這個字與多神信仰以及羅馬市民崇拜有非常密切的關係。這個字的分詞，完全等同於拉丁文「奧古斯都」（"Augustus"）；「奧古斯都」一字出現在日曆、硬幣和國家宣傳上，並將崇敬的榮耀歸給屋大維皇帝（Emperor Octavian）及其後繼者。例如，在《功績錄》（*Res Gestae*）34.2中，奧古斯都宣示：「我的威望淩駕一切之上，然而我沒有比任何與我一同工作的行政官，擁有更多合法性權威。」因此，藍登評論說：「奧古斯都希望人民相信，他借著本身的榮耀的德性來統治帝國」，他以神一般的姿態，淩駕於一切之上（J. E. Lendon, *Empire of Honour*, 129）。保羅的論述令人想到崇拜當時政治統治者（皇帝）的錯誤性質。

然而，保羅論證的意義是總括性的。以虛謊取代真理造成了社會各階層的扭曲。第三段重申：「上帝任憑他們……」保羅強調上帝在可見的現世之中，會直接介入道德報應（moral retribution）的過程，因此心靈的扭曲與暗昧（21節），造成上帝封閉了在各種私慾扭曲循環之中的心（24節）。那些選擇了蒙羞之心的人，必然活在其扭曲的私慾所轄制的生活之下。這個陳述改寫自猶太與希羅倫理學中道德復仇法（*lex talionis*）所偏愛的主題，在《智訓》（*Wisdom*）11.6 中說明了其標準形式：「有人犯了甚麼罪，他就當受如此懲罰」。在這樣的情況下，人們除了活在自己隨從「心裏的情慾」、有意扭曲真理的後果之下，便別無選擇。

在一章26至27節，保羅對同性性行為（homosexuality）使用了極為偏頗的用語，特別是於現代而言。然而，首先要澄清的是，保羅的目的並不是證明偏差性行為的種種邪惡；基督徒讀者很容易想到這點。其目的是要建立一個論點：神聖的忿怒確實顯現在當時的人世經驗中。相對於傳統上理解這段經文的道德化觀點，保羅眼中的性變態是「上帝忿怒的結果，而不是原因」（Ernst Käsemann, *Commentary on Romans*, 47）。保羅從傳統猶太的立場，把偏差行為界定為直接冒犯造物主的那種妄自尊大，以及當下與臨近天譴的徵兆。主流說法認為，本段中所提及的同性性行為僅限於男色（pederasty），因而並不針對成人之間所允許的同性戀（homoerotic）關係，這節的證明對此特別具有破壞性。保羅的語言要除去所有殘留於同性戀關係中的體面、榮譽，以及友愛。保羅認為所有的同性戀關係，都證明了神聖憤怒顯現其中，就這點來說，他是完全順著猶太與早期基督教文化傳統的這條主線走的。

既然保羅的羅馬讀者大多是外邦人，他們通常來自容許同性戀的背景，那麼保羅假設他們不用論證，就會接受他的批判性論點著實令人費解。先前的學者經常引用保羅的猶太背景，認為這對他的異性戀傾向是很重要的，但他們卻很少注意到同性性行為與奴隸制度之間的相互關係。主人有權利對奴隸要求性服務。而公民（freemen）是在理解保羅修辭的衝擊之中一個重要的因素，因為保羅大多數的羅馬讀者中，奴隸制度是很顯著的社會背景特色。柯蘭寇（Werner Krenkel）寫道：「主人與他們的男奴之間的交流是很正常的，並且是與男性主宰社會（male-dominated society）的標準相一致的」（Werner A. Krenkel, "Prostitution," in M. Grant and R. Kitzinger, eds., *Civilization of the Ancient Mediterranean: Greece and Rome*, 2:1296）。他引用了某個羅馬評論者：「提供性服務對自由人（freeborn）而言是罪行、對奴隸而言是宿命、對公民來說是義務」（Seneca the Elder, *Controversiae* 4 preface 10）。很可能保羅預設了他的理論已被有不愉快經驗、曾經為奴或仍是奴隸的基督徒所接受；在侵略性雙性戀（aggressive bisexuality）所標誌的文化之中，他們自己與他們的下一代遭受性剝削，並且心懷怨恨。

在28節中，保羅第三次向著各種形式的社會病態與犯罪行為宣告「上帝任憑他們……」藉著福音——即視耶穌被釘十字架為仇恨上帝表現的福音，亞當墮落的教義被極端化，而不再僅僅是一個不順從的行為；現在罪已經取得了壓制真理的形式，這為令人震驚的罪行清單開啟了大門。任憑「存著邪僻的心，行那些不合理的事」（一28），人類「裝滿了」社會病態。為了營造一種人類特有的負面觀點，保羅描述了二十一種惡行以及不義之人。

這一切邪惡來自全人類，他們被「邪僻的心」（"unfitting mind"）控制。我們在這裏看到一種不是來自個人或特定羣體特質上的缺陷的社會病態，而是從創造墮落之後，從人類的集體經驗而來的，是以福音所發出的全新亮光來思考的。這份清單以最徹底的方式，將任何可能主張個人、羣體或民族具有的豁免權一概掃除。循著這個目標，這二十一種邪惡是來自希臘、拉丁、與猶太的清單，但其中沒有任何一份可以完成保羅的清單。保羅致力找出在羅馬那些對立的文化羣體間共通的基礎，並藉著這個邪惡清單的混合性質，將其具説服力地表達出來。這二十一種邪惡與惡人，其修辭的高峯是來自四組以開頭（alpha）押韻的否定字（這裏翻譯為「沒」〔"without"〕）。我譯為「沒腦袋、沒擔當、沒良心、沒愛心」（"without understanding, without dutifulness, without affection, without mercy"）。這個印象是在「邪僻的心」蔓延之下，整個世界都缺乏了希羅與猶太思想家視為人類本質的這四種屬性。

這份清單結束於暗示：鼓勵行惡比行惡更糟糕；這樣讓道德主義的解釋者感到困擾，他們若不是試著去緩和保羅的主張，就是對這種說法提供附加的理由。然而，保羅既不是要闡述一套法律系統，也不是要為基督徒羣體建立社會倫理的基礎規則，而是要利用當時的道德普遍性，來說明一個前所未有的極端事實；也就是說：全人類都有意識地、邪惡地參與了壓制真理的活動。這個事實在修辭學基礎上是極具說服力的，並且可以理解為保羅反思十架事件含義的結果。然而，不論在這裏或別處，羅馬書前幾章的論證在嚴格的邏輯意義上並非無懈可擊。我們無法真的證明世上的每一個人都是罪人。他的論證只是來自信仰的修辭學內容，目的是要對公元五十七年聚居羅馬的教會產生效力。若以流行於古代文化背景的社會標準來衡量，必須承認其說服力極為強大。其論證要求現今的解釋者去問：基督的十架與復活，是否揭露了自己以及所處文化中表現出來的相似的、壓制真理的迹象。

四　譴責偽善的愚頑人，以顯示罪的普遍性與神聖審判的無私

在文體戲劇性而深刻的轉變中，羅馬書二章描述了喜好批評、譴責一切高於自己的愚頑人。因為沒有人喜歡謾罵與批評，所以保羅顯然是要得到羅馬各分支教會的贊同；但這封書信到了十四章之後才清楚表明：實際上，羅馬基督徒的所作所為，跟這些偽善者一樣，都以自己所誇耀的各種錯誤，定別人的罪。在二章2節，保羅使用了第一人稱複數說：「我們知道這樣行的人，上帝必照真理審判他」。這將他的讀者歸類為這種信仰者：他們確信神聖審判反對這種偽善者。因此，他們以為自己不是這種人，而能夠樂於接受接下來的長篇大論。這是一種老練的策略。

因此，讀者受到這樣聳動的說法所震驚：愚頑人相信自己可以「逃脫上帝的審判」（二3），或者「藐視」上帝的慈愛，視之為無法領他悔改（二4）。這些言論會讓敬虔的讀者發顫，他們做夢也沒想到這會適用於自己的行為；而這些言論同時也與羅馬會眾有著具體的關係，如我們所見，當保羅轉入十四章3節時，就抨

擊了強者在不吃某些食物的事上對弱者的「輕視」。

在保羅得以發展出對羅馬讀者的應用性關聯之前，他在二章中明確地主張說：神聖審判是絕對無私的（二6～13）。如爵特．巴斯勒（Jouette Bassler）所說：《七十士譯本》與後來的猶太文學發展了一種無私的審判觀並以之「作為上帝自明的屬性」（“as an axiomatic attribute of God”；Jouette Bassler, *Divine Impartiality: Paul and A Theological Axiom*, 43），但這並沒有發展成為一種普遍性的態度，使其得以瓦解猶太人與外邦人之間的區分。在羅馬人以前，這個語意學架構的範圍是猶太社羣成員間的社會平等。然而，保羅論證的脈絡中，卻克服了這種有限的偏私性定義。在這個對偽善的愚頑人的抨擊脈絡中，保羅的讀者無疑會肯定他的論證，在十四至十五章之前我們都無法得知，這個論證將轉而攻擊他們自己，因為不論「強者」或「弱者」都認定上帝偏愛自己而反對對方。

在二章14至17節中，保羅描述了那些因為「律法刻在他們的心裏」而行義之人，這有可能是描述外邦歸信者的情況。在同意了上帝的憤怒已經顯明在未信的外邦人中（一18～31），並且同意了猶太人不再處於上帝無私的審判之外（二1～13），以外邦歸信者為主的讀者會認為：這幾節中所敘述的就是他們現在的處境，這為保羅藉著拉攏外邦歸信者而使猶太歸信者妒忌（zealous antipathy），並從而激起他們奮發的這種策略，提供了初步的形式（十一11～14）。如果視三章為主張一切未信的外邦人與猶太人都已犯罪而辜負了上帝的榮耀，再加上對猶太人與外邦人而言，得救都是本乎恩，那麼這幾節與三章之間的矛盾就解除了。

15節中有一個關於他們良心困境的說明：他們相互「或作控告、或作辯護」。保羅使用這種控告與辯護之間的持續較量來證明的，是某種乍看之下好像可以去除所有道德的雙重標準（ambiguity）的東西，那就是：寫在心裏的律法。這段敘述的完整含義，在這封書信後面那直接討論到「弱者」與「強者」間的爭辯的段落之後，會更為清楚。屆時，這種雙重標準的描述將會變得清楚，即使對那些藉著行義來宣告寫在心中律法的人，這種描述也提供了彼此理解與同情的基礎。在羅馬教會中，當雙方行事都宛如自己擁有完全的真理，而對手則當受「審判」或「藐視」，這時他們事實上正從屬於人類道德的雙重標準之下。哥林多前書十三章所說的在這裏就很明顯了，所有信從者都是對著鏡子觀看、模糊不清，而所有人的知識都是部分的（即便是眾先知和領袖）。然而，在羅馬書二章15節中，保羅的修辭策略不容許任何反對插入。保羅知道不能藉著直接批評雙方陣營，來達到他修辭的目的，因此他設了一個修辭上的圈套，藉著這封信的結尾來使其（用齊克果〔Søren Kierkegaard〕的名句來說）「從背後重創」（“wound from behind”）。我不知道這種委婉精妙的手法，是否也在一些中國傳統詩詞與道德論述中出現過。

在二章17至29節中，抨擊的對象是像自命不凡的猶太教師那樣的頑梗者，他們顯得完全與基督信仰的羣體分離。保羅利用猶太人對數字五、十的喜好，以誇大的方式列出了這種人的特徵，這使得大多數的解釋者把保羅視為反猶的。這樣就忽略了論證的主要部分——不僅是三章的某幾節，也忽略了保羅書信十四至十六章的結論，於其中他主張：這種偏私行為，應當以猶太和外邦信仰者彼此恩慈相待來替換。這段的結尾是來自人的「稱讚」或來自上帝的「稱讚」之間所作的對比，也從而以獲取榮譽的問題來作結。想從人類同伴中尋求稱讚，是根植於作猶太人（以及外邦人）的益處的墮落，而那些接受心中割禮為禮的人則是單單依靠上帝。這點為保羅的宣告預備了道路：恩典是不問文化認同、成就地位而臨及眾人的（三21～31），並且基督歡迎所有人（外邦人和猶太人都一樣）進入他的國度（十五7～12）。

三章1至8節中，保羅提出了他自己與頑梗者之間的四次對話。在1節中，猶太對話者（Jewish interlocutor）問保羅說：無偏私的審判的教義，是否廢棄了猶太人的身分？保羅的回答絕非反猶太教的：身為猶太人，其益處「從各方面來說，的確很多」，並且最重要的是「上帝的聖言」交託他們（三2）。對話者所提出的第二個問題是：如保羅所說猶太人的不信，是否使聖言以及向他們說話的上帝成為無效（三3）？保羅回答說：縱使人是虛謊的，上帝仍舊信實。第三部分的問題十分機巧：人的不義是否彰顯了神聖的公義？若然，罪人所行既然如此積極有效地彰顯了〔上帝的義〕，那上帝定他們罪還公平嗎？然而，狡獪的對話者承認了保羅論證的力量，每個人都陷於罪中：「**我們的不義**若顯出上帝的義來……」（三5）察覺到這點是很重要的。但提到上帝施行憤怒的不公平只是「人的」見解（三5），想藉此逃避真理。保羅回答「斷乎不是！」因為如果這樣，上帝怎能堅持公義呢？

第四組問題想要指出保羅所論證的神聖無私是矛盾的，藉以重新支持猶太人的豁免權，對話者提出了最為蠻橫的問題：「若上帝的真實，因我的虛謊越發顯出他的榮耀，為甚麼我還受審判，好像罪人呢？」（三7）這個問題承認了保羅的論點：所有的人都有分於「虛謊」，包括猶太對話者，然而這很明顯是個藉口；這種會堂惡鬥中所提出的措辭，對於羅馬的讀者而言是相當熟悉的，因而無可推諉。這很可能反而會激起輕蔑訕笑與惱羞成怒。保羅用這個問題來回答，機敏地把他的讀者帶回對話之中：「為甚麼〔我們信者〕還受審判，好像罪人呢？」保羅以「我們」，把羅馬這樣的基督徒讀者包括在內：他們提倡這種來自擺脱律法的教義的見解。這段文字的關鍵在於：那些提倡這種毀謗的人，正是對話者所代表的形式主義者，他們在對話中，於自己的立場中有大量的偽善。典型教條主義者的控訴是：藉著恩典、並且脱離律法束縛的救贖福音，構成了一種狡詐的放蕩形式。8節的標語：「讓我們去作惡以成善吧！」顯然是控訴保羅本身提倡放蕩而提出的引文。對話者的虛謊（在7節中承認的），在此延伸到社會偏見與社會弊端的範圍。保羅聰明地把讀者引到他這邊來，反對那些散佈這種控訴的人：藉著讀者過去經驗到——在格老丟驅逐令之前——發生於羅馬教會衝突中的污名化策略（smear tactics）。形式主義對話者的教義自身並不放蕩，而是對信仰者提倡放蕩行為的毀謗控訴，正是來自同一班的形式主義者，他們由規避道德的對話者所代表。這個標語的引用，要求讀者給予否定的回答，讓他們更加堅定地站在保羅這一邊，以對抗陰險的對話者。這是一個極好的結果。

我們透過修辭批判法（rhetorical criticism）並考慮了文化脈絡，仔細閱讀了這個譴責，顯示這是一個了不起的傑作。然而，保羅攻擊的目標並不是那位想像中的對話者。羅馬的非基督徒猶太人並不是保羅所設想的讀者。他對基督徒讀者論述到：面對彰顯於十架及基督復活的上帝公義的反應中，即便是最為傑出、守法忠誠的猶太對話者都是以託詞與虛謊來回應；而終究顯示了他自己是個偽善者，藉由宣告提升其對神聖榮耀的理解，同時以虛謊來抹黑別人而期望免除義務。這個譴責達到了保羅論證最困難的部分：「猶太人和希臘人都在罪惡之下」（三9）。一章18至32節所要說明的是外邦人壓制真理，而三章1至8節則完整地說明了猶太人同樣有分於虛謊。既然這位對話者已經明白承認了他用以捍衛其民族優越感的推託之詞以及其自私自利的公義說法，保羅便希望讀者中的猶太基督徒可以承認：他們自己也沒有主張豁免的基礎。要說明人類處於謊言之中的連帶責任的道路已經鋪平，可以準備上路了。

五　引證說明一切人世榮辱觀的敗壞

三章9節中，保羅被他的猶太對話者問到：「這卻怎麼樣呢？我們比他們強嗎？」三章5節對話者承認了他在「不義」之中，7節中他強調了一種「虛謊」，8節聽到評價說「這等人定罪是該當的」，之後，對話者應該會合理地問說：「猶太人與外邦人相比，是不是真的站在不利的地位？」在古代世界的榮辱觀中，有些人是站在頂端的。但這顯然是福音所斷然拒絕的。保羅回答：「決不是的」，那是因為猶太人和希臘人都「在罪惡之下」（三9）。這樣，層次就擴及到所有的羣體都有罪，並且在上帝面前沒有哪個羣體擁有與生俱來的優越性。很明顯，猶太對話者現在已經接受了前面的譴責，而放棄優越的姿態。一個意見上戲劇性的改變在此發生了：姑且不論他之前採取的策略，這改變指出保羅的猶太對話者絕非無可救藥的。這鼓勵了在羅馬眾教會中爭執的雙方，將自己與對手都視為容許改變的。

在三章10至18節，保羅提出了一連串聖經的引文來證明：「沒有義人，連一個也沒有」（三10）。他精巧地修飾了這些引文，以消除在舊約及其他猶太文學中對智者、義人／愚者、惡人之間傳統上的區分。在引證的結尾，保羅導出「普世的人」都處於神聖審判的「控訴之下」（三19）。這個段落結束於一個改自詩篇一百四十三篇2節的引文：「凡有血氣的，沒有一個因行律法能在上帝面前稱義」（三20）。在此，律法一詞缺乏冠詞，因而考慮的不只是猶太的律法而已。各個文化的榮譽觀中，總有些「善行或律法」形式，為維護優越性提供了基礎。然而，在上帝無私的公義面前，沒有任何透過遵循律法以求人世尊榮與名譽的奮鬥，是可以站立得住的。

六　結論

保羅的結語是：「因為律法本是叫人知罪」（三

20）。其中意味著，律法本身將真理傳給了所有的人：不論是猶太人還是外邦人、化外人還是希臘人、受過教育的還是未受過教育的、「弱者」或「強者」，全都被罪所影響。在上帝公義的審視下，所有自誇的口都要閉上。這是這封信與宣教目的直接相關的要求。因為羅馬居民所組成的教會，在還沒拋棄他們所主張的優越感之前，對西班牙化外人宣教活動的參與，只不過是另一種文化帝國主義的形式罷了；因而，也違反了在基督十架中彰顯的上帝的義。

3

藉由羞辱的十字架與上帝和好（三21～31，五8～10）

譚浚明 譯

一　導言

現在我們要讀到許多新教徒認為是羅馬書高潮的段落。實際上，有些學者經常將三章21至26節中關於救贖（atonement）的討論視為高潮，主張這段經文的重要性超越三章27至31節中所有關於猶太人優越感的宣言，以至其他宣言的重要性被低估，並忽略五章8至10節作為一個詮釋線索的相關性。事實上，整段經文意謂著十架事件將上帝的愛向一切與上帝為敵的人——包括所有人類——顯現。這個段落對於那些只讀過現代譯本的人而言似乎是特別細緻精密的，因為在文風的戲劇性轉變中，保羅從先前章節的生動對話變為希臘式雄辯的恢弘風格，以21至26節建構一組包含了引述一首早期基督教讚美詩歌伴以一系列保羅自身之評論的單一文句。讓我們從賞閱這首詩歌開始解讀這段經文。

二　引述一首闡明基督是為所有人設立的新施恩寶座的詩歌

過去七十五年的學術研究，看似合理地將以下這首早期基督教讚美詩歌的詞句，視為保羅用以闡揚其論點的依據。此一觀點得自形式批判法（form-critical method）的應用，這種方法從一些特殊用語的形式中推論出當時的社會處境。在這段經文的案例中，詩意的、詩歌式體裁與非保羅慣用詞彙的出現，表明了這是一首早期教會的會眾所創作並傳唱的詩歌。它頌讚著基督：

v. 25a：上帝設立耶穌作為施恩寶座

v. 25b：是憑著耶穌的血

v. 25d：因為他寬容人先時所犯的罪

v. 26a：以上帝的忍耐

有鑑於位在聖殿至聖所中的約櫃金蓋上的「施恩寶座」（“mercy seat”）於每年贖罪日都要以祭牲的血潔淨的舊約傳統，這首詩歌將耶穌稱頌為取代聖殿的新救贖機制。詩歌宣揚著上帝使耶穌成為「救贖及上帝顯現與同在的新場域」（Wolfgang Kraus, *Heiligtumsweihe*〔《至聖所中的儀式》〕, 91）。當我們以保羅先前論述的脈絡去理解這觀點時，便能清楚明白基督的血同時遮蓋了羞辱性的歧視與羣體的罪惡，並且人們因基督的死，克服了耶路撒冷聖殿中種種限制外邦人獲得救贖的種族與宗教的藩籬。當聖殿中的救贖，主要地對猶太人生效，並且不要求接受者一方須有特定的信仰行動時，以那些參與「新約之血」（“blood of the new covenant”）的最後晚餐的人為記號的、新的屬靈聖殿，則對「**一切相信的人**」（三22）開放。這一點直接關聯於這封書信的主旨——引起會眾對保羅赴西班牙宣教的支持。

對比於無關乎接受者之行為與態度的贖罪觀（expiation），在保羅論及敵對上帝之人與上帝復合之意義下的救贖，是對所有以信心回應福音的人都生效的。

詩歌中提及「寬容人先時所犯的罪」並關乎「上帝

的忍耐」之處，是指在基督事件之前的所有可能的情況，上帝都收回對聖殿獻祭未能解決的罪——意即外邦人之罪——的懲罰。於是乎羅馬書三章25至26節頌讚了上帝先前寬容了外邦人的罪，並且現在透過基督給他們一個管道，能得到他們從未享有過的復合。保羅之所以引用這首詩歌，是因為在基督的十字架中體現的、對尊卑體制（honor-shame system）的顛覆，建立了一個新的救贖體制。此處的焦點並非個體的認信與罪得赦免，而是提供一個將對立的羣體在上帝面前置於平等地位的機制。猶太聖殿象徵著一種歧視性的赦罪形式，在當中女性與外邦人各自被分別限制在比猶太男性所處的院所距離上帝更遠的院所。在基督作為施恩寶座的新體制中，傳統的尊卑之別被上帝的公正性所克服。所有羣體皆獲得平等的管道去蒙受基督的救贖，無一例外。對比於西方學界對這段經文的傳統詮釋，這並不意謂著赦罪是基督在十架上完成之工作的全部，也不認為只有那些持正統神學的人才能得到救恩。正是在獲得上帝恩寵的管道中**消除歧視**，以及得到上帝為「一切相信的人」預備之救恩的全新管道，在這段經文中居於中心地位。對外邦人的「上帝的忍耐」，現在已被以平等的方式向所有人散播上帝憐憫的基督的十字架所取代。這就是亞洲與非洲的尊卑文化可能較西方文化更能理解的觀念。

三　以透過信心向所有人顯明的上帝之義形塑這首詩歌

這首詩歌是以惟獨因信心而得、且不帶歧視地讓所有人皆可得的上帝之義所精心形塑與詮釋的。歌詞以上帝之義藉由基督「在律法以外已經顯明出來」（三21）作為開始。當我們考慮到上帝此一救恩行動的社會及宇宙面向時，便能清楚明白使人「歸正」（“setting right”）或「成義」（“making upright”）是比慣用的「稱義」（“justification”）觀念更為寬廣的概念。其實這並不意指個體靈魂面對透過基督所啟示的神義以及隨之的福音傳講而使其處於身陷罪惡的危機，而是意指整個宇宙秩序的復原，包括每個被罪扭曲的羣體與物種。宣講上帝之義「已經顯明」，意謂著它在基督事件中已成為在歷史中可見之事。而這發生「在律法以外」，表明了沒有任何律法的規範能使其遵行者處於與上帝的正確關係中。「律法以外」（“*chroris nomou*”）此一表述，使用沒有冠詞的「律法」概念，暗示著**沒有任何律法的規範——不論是猶太的還是羅馬的——具有使人歸正的力量**。在基督的十字架中，上帝之義以一種革命性的方式彰顯，加給「一切相信的人」（三22）。

保羅提到「來自於上帝的義」（“righteousness deriving from God”）是公平地分給所有人類，給猶太人也給外邦人，只要他／她以信心回應福音。上帝之義在基督裏的彰顯，是透過一種粉碎對公義的尋常定義——即服從某一特定文化的規範與律法——的方式。在基督裏，上帝之義必然反對統治階層的傲慢與被統治者的羞辱。三章22節中對「信」（“faith”）的雙重提法常被誤解成一種個體化的現象（an individualized phenomenon）：由於「信」（*pistis* / “faith”）描述了認信者對福音的回應；然而，它開啟了**身為成員而有分於**（participation as members），而在上帝的拯救與公義的行動領域中，同時也開啟了進入「信徒的靈性團契」（“spiritual fellowship of believers”）的大門（Von Dobbeler, *Glaube als Teilhabe*〔《作為參與的信仰》〕, 95）。既然信仰具有一種與認信及有分於一個新社羣相關的社會功能，它所要求的便不只是個體的思想、情感與生存立場。「信」在此是用於表示對一個羣體的認同並有分於被釘十架且復活之基督的福音，這福音將上帝之義顯明為超越尊卑的屏障。

在保羅的壯麗語句中附帶插入了一段話，從我們稱之為22節的結尾開始，我將經文翻譯如下：「並沒有分別。（22節）／因為世人都犯了罪，虧缺了上帝的榮耀；（23節）／如今卻因上帝的恩典白白地歸正。（24節）」這段經文承載了我們先前在二章11節中讀到的論題，即上帝的恩典與忿怒都是公正的。姑且不論人類在與他人的競爭中所主張的尊卑之別如何，上帝公平地對待所有人，也要每個人負起相等的責任。所有人類與羣體都犯了罪，並虧缺了上帝的榮耀，意謂著地位優越者宣稱所具有的豁免權——諸如羅馬公民宣稱相較於所有其他族羣所具有的優越地位——都被駁回了。這強調了**上帝的公正性**與羅馬書的寫作目的——旨在以克服「預設西班牙的『化外人』為地位卑劣」的方式闡述福音——之間所具有的重大關聯。這也是為何保羅重申他先前論述的重點，即「世人都犯了罪，虧缺了上帝的榮耀」（三23）。虧缺是關乎榮耀的問題，並且反映出希臘羅馬世界的各羣體內部以及與其他羣體之間爭奪榮耀的競爭。儘管猶太人與希臘人都宣稱他們比其他族羣更為高貴光榮，且儘管他們典型地宣稱其他族羣因缺乏智慧或不遵守道德規範，所以是卑劣羞辱的；但保羅的主張是**所有人**都達不到那個超越的榮耀標準。

這段插入語的最後一句提到「因上帝的恩典白白地歸正」（三24），這經常在指涉個體被「稱義」的譯文中與上帝之義分開談論。然而，「被歸正」（*dikaioumenoi* / "being set right"）這個分詞修飾了23節的囊括性字眼「世人」，或許出於其可能會暗指普遍救恩的考量，這點被許多聖經註釋家存而不論。保羅在字面上宣稱「並非所有人都會得救」（Kuss, 1:114；另參 Colenso, 78～79）。堅持使用「恩典」與「恩賜」等詞彙，便清楚表明人類在上帝面前的正當地位，絕不能在任何人為努力的基礎上達成。基督事件顯明沒有任何人藉由在競爭中勝過他人，或階級、財富或種族等特權中獲取此一榮耀的、公義的地位。

在三章25節中，詩歌被插入的語句「藉著人的信」與「要顯明上帝的義」所詮釋。第一句插入語或許旨在強調所有人都可透過信心，通向這個藉由基督的血所設立的、新的救贖機制。當之前聖殿中的救贖機制允許猶太男性擁有更優越的管道，並且不要求接受者一方須有特定的信仰行動時，以那些參與「新約之血」的最後晚餐的人為記號的、新的屬靈聖殿，則對「一切相信的人」（三22）開放。保羅所插入的子句，「要顯明上帝的義」，則在接下來的經節中得到呼應，將詩歌的片斷整合進書信的主題。保羅以插入語的表述「要顯明上帝的義」，提出一個非常真實的問題，即藉由被釘十字架的基督所設立的、新的救贖體制，是否違背了上帝之義？上帝對與其立約者的信實，如何能在可鄙的十字架酷刑這種充滿羞辱的方式中彰顯？關於恥辱的界限如何能異於常理地違背呢？上帝之義在此以公平對待所有人、公正的審判，以及拒絕視某些羣體較為優越而成為一個「只尊敬某些特定人士之人」（“respecter of persons”）等形式呈現。新的「施恩寶座」以平等的方式對所有人皆生效，這是對於保羅的宣教計劃至關重要、且以整篇書信發展出來的主題。

最後的詮釋性評論是在26節：「好在今時顯明他的義，使人知道他自己為義，也稱信耶穌的人為義。」基督的十架與復活是上帝之義的公開彰顯，導致之前與上帝為敵之人的全然轉變。上帝之義建立了一個新的、包容性的救贖體制。在將那些「相信耶穌」（“faith in Jesus”）之人「歸正」的過程中，上帝突破了將個人與羣體彼此分隔、並與上帝隔絕的各種尊卑界限。信心是惟一的要求，且在此它意謂著：**接受**關於耶穌為了代表所有卑賤者而羞辱地受死的**信息**，並加入現在被上帝賦予尊榮的卑賤者羣體。對比於通常將這段經文翻譯為上帝「稱相信耶穌之人為義」的過度個體化與私人化的詮釋，上帝之義在墮落世界的復原中彰顯其自身，也體現在這一小羣信仰社羣中；保羅也期望謀求他們的幫助，以實現其宣教計劃，將這關於被釘十架之主的福音，帶到當時被認為是已知世界的邊界——西班牙。藉由將他的宣教神學與傳唱的救贖詩歌融合，保羅使他自己與羅馬的各教會緊密連結，建立一個具說服力的基礎，使代表上帝公平正義的宣教計劃，在各教會的聯合贊助下得以實現。

四　救贖：人類悖逆上帝之敵意的深度與廣披所有世人的神恩之極致

鑑於對羅馬書三章中論及救贖之經文的詮釋，經常脫離書信的整體論述以及保羅發信的情況，即向羅馬教會積極尋求對其西班牙宣教的協助，我想轉向五章8至10節的經文，以闡明保羅心中的想法。這段經文並未提及赦罪這個主導著關於救贖的傳統討論的主題。我將經文翻譯如下：

> 當我們還是罪人時，上帝就向我們顯明祂的愛，因「基督為我們而死」。（8節）／更何況，因此，在藉由祂的血而歸正之後，我們也應透過祂脫離上帝的忿怒。（9節）／因我們還是上帝的仇敵時便透過祂的兒子與祂復合，更何況，在復合之後，我們也必會藉由祂的生命而得救。（10節）

「罪人」（sinners）一詞在這段落中意指那些在行為上顯出他們是極度罪惡之人，屬於「與篤信上帝且公義敬虔之人完全相反」的那一種人，積極從事「社會壓迫」（“social oppression”；Rengstorf, “*hamartalos,*”〔〈罪人〉〕321）且與上帝為敵。不論這種人只是無法遵守他們的宗教傳統中的複雜律法，或者真的是壓迫他人的邪惡之徒，他們都屬於被歧視的階級。這術語呼應了對耶穌服事「稅吏與罪人」的指控。相較於希臘羅馬文化，特別是羅馬公民宗教中的英雄為了榮耀祖國而犧牲，耶穌卻是為了「罪人」——這種不配為之犧牲的人——而死。在一章18節至三章23節中，保羅堅稱實際上所有人類都屬於這種人，他在這裏以第一人稱複數形式的詞彙，明確地提出他的主張：「當**我們**還是罪人時」（"while we were yet sinners"）。儘管如此，罪人這個詞彙，仍然承受著社會性歧視的負荷，可見於福音書中它被當成一種輕蔑的稱謂來使用的經文（例如：可二15～16；太十一19；路七34），當中的解救辦法便是耶穌的赦罪。羅馬書明顯缺乏赦罪的主題，然而，當中的脈絡是以上帝對仇敵的愛為主旨。儘管奧古斯丁傳統的影響力將救恩理解為主要是個人的赦罪，保羅的關切卻是透過基督的十架所彰顯的、上帝無條件接納每個個人與羣體的愛，去克服「罪人」的卑賤地位。

論及人作為**上帝的仇敵**之處，讓我們想起一章18節至三章23節中所描述的人類敵對上帝的經文。在他最明確討論人類對上帝的敵意，以及與上帝復合的哥林多後書五章20節中，保羅訴諸人類的意志：「我們替基督求你們與上帝和好」。羅馬書的這段經文以一項籲求作為開始，我的註釋書將之翻譯為：「讓我們與上帝和好」（五1）。基督贖罪性的死並非以解消上帝的忿怒為目的，因為「這就是上帝在基督裏，叫世人與自己和好，不將他們的過犯歸到他們身上」（林後五19），這觀點的共鳴也遍佈於羅馬書中：基督「為我們」死（五8），為「罪人」死（五6），基督的死顯明了「上帝的愛」（五6、8），而非促使一種由上帝的忿怒到上帝之愛的轉變。

將這點放在羅馬書更大的論述中，表達出在基督的十架中顯明的、人類的兩難困境，是對尊榮的追求導致了人們敬拜被造物而非造物主。這也是為何宗教與政治領袖寧願以殺害耶穌作為恰當的選項，也不願他們的宗教偽善與仇恨被揭露。基督對卑賤的罪人、稅吏甚或外邦人的愛，激發了導致他死亡的仇恨，並且在瀕死邊緣的痛苦中，祂還是表達出一種無條件的上帝之愛。這份愛**克服了卑賤的地位**，並且使得自大自誇，以及為奪取尊榮而做的其他形式的競爭，顯得毫無必要。就這個福音的內在化意義而言，復合能夠達成，是因為對上帝的潛在敵意被揭露並克服。藉由顯明關於人類景況的真相，以及上帝之愛的能力滿足對尊榮貪得無厭的渴望，基督的死使和平得以實現（五1），這包含人與上帝以及人類彼此之間的和平。五章1至11節的論述以推薦一種追求尊榮的新形式，即「在主耶穌基督裏誇口，我們藉著祂現在得以與上帝復合」作為尾聲。這將我們帶回三章結尾的關於誇口的主題。

五　拒絕自誇的信仰

如前文所提及，通常對羅馬書三章的救恩觀的討論，迴避了本章的結論所提出的問題：「既是這樣，哪裏能誇口呢？」（三27）當保羅立刻回答「沒有可誇的了」時，他**挑戰了自誇的正當性**，這在一個以自誇為面臨競爭時保持自身榮譽的正當方式的文化環境中，是一種極端的做法。當猶太式自誇的問題主導著對這段經文的詮釋時，而這詮釋也關聯於身為猶太知識分子的書信對話者對之前經文的認同，那便會很正常地忽略羅馬亦為古代世界中的自誇翹楚。這城市充斥著誇耀帝國榮景的紀念碑與慶典。當先前的希臘羅馬道德家對自我誇耀提出警告時，他們並未反對帝國的誇耀。不曾有過任何批判是針對羅馬以其大規模的宣傳系統結合整個地中海世界的藝術與娛樂活動的方式，驕傲地展現其權力與優越感這做法。在一章18至32節中，明確地論及這種「敬拜受造物而非造物主」的普遍情況，它關聯於對「化外人」與「愚拙人」的歧視（一14），這也是保羅在其西班牙宣教中藉由傳講福音去克服的。

誇耀自身的優越地位必須被禁止，其原因是「信心之法」（“law of faith”）——它被定義為使人「藉由信心歸正而不靠遵行律法」（三28）。保羅透徹地講解在基督裏的新的尊榮體制與透過人自身的能力與社會特權而獲得尊榮的傳統成就之間的分別。所強調的重點，是信心之法與立功之法之間的對立。關於此一對立的各方面論述遍佈羅馬書，並且書中論及族羣競爭的觀點已被明確地陳述：上帝同時是猶太人與外邦人的上帝（三29）。猶太人、希臘人與羅馬人都沒有以行動證明他們相信這點；甚至在教會中，會眾也分裂成相互敵對的族羣。每一羣會眾都有主張自身較為優越的基本理由，亦相信上帝站在他們那邊，但救贖卻彰顯出萬國在上帝面前革命性的平等地位。在30節中，保羅以一種創新的方式，將上帝的獨一性與藉信心而得的救恩連結起來。在論及受過割禮的猶太人與未受割禮的外邦人之處，他堅持上帝使兩者歸正的方式是相同的。透過被釘十架的基督而成的救贖，替克服那些追求尊榮而導致持續衝突的固執體制提供了一個有強而有力的基礎。結論是：在基督裏，上帝是萬國的上帝。

六　結論

儘管在三章與五章之中存在對寬容的強調，但普遍主導的救贖教義，仍舊堅持主張那些認同某種教義的人才得救，不認同的人則被定罪。保羅極少部分的言論被以脫離脈絡的方式解釋，並被用於支持具排他性的教義理論。各家在詮釋羅馬書時所引發的邪惡戰爭（unholy war），在對這幾章的詮釋中達到高潮，且完全忽視保羅堅稱上帝在基督裏的愛，是直接給予所有曾與上帝為敵的人，**因此，透過基督之血完成的救贖對所有人都是有效的**。

因而每個國家、羣體，甚或教會，將因為宣稱自身較他人優越而朝向變成上帝的仇敵，這是一個信徒傾向認定在他人身上成立，但自己自以為能夠豁免的信息。這也是為何關注羅馬書五章1節的經文鑑別證據是如此重要，它使得這節經文看起來非常有可能是保羅真正意圖給羅馬基督徒的勸勉：「**讓我們與上帝和好**」（“let us have peace with God”）。傳統的翻譯「我們與上帝和好」不僅沒有經文鑑別基礎的支持，也傳達了對詮釋救贖教義有害的、關於優越性的錯誤意義。它意謂著同意某種教義的人享有與上帝的和好，而上帝向支持別種教義的人宣戰。當我們宣稱自己因我們的信仰而蒙受上帝的特別寵愛時，基督的救贖之死的信息就完全被顛倒。這個關於救贖的錯謬理論的可悲政治意涵，可以在我的國家目前正在經歷的靈性與道德危機中看到。在國家的貨幣印上「我們相信上帝」（“In God We Trust”）的字樣，並在宣誓效忠國家的誓詞中加上「在上帝治理之下的統一國家」（“one nation under God”）等字，這些都代表著我們自認為蒙受上帝的特別寵愛。這意謂著我們討伐邪惡勢力的聖戰，即便違反了國際法，都理所當然地將在上帝祝福之下獲得勝利。在越南與伊拉克創造和平局勢的努力失敗之後，現今出現了檢討問題在哪的普遍聲浪。事實是我們被「**許諾上帝偏愛的救贖**」（“atonement that promise divine favor”）臨及特定國家與信徒羣體的理論引入歧途。美國的眾教會若離棄他們認定自身優越性的宣稱，並開始認真接受救恩是惟憑恩典，亦即「當我們還作罪人的時候，基督就為我們死了」的信息，便會採取支持更務實之國家政策的立場。而這信息是否也適切於你們的國家，則留待你們的討論。與此同時，我邀請你們對此提出評論、意見與問題。

4

作為所有因信福音而成為義者之父的亞伯拉罕（四1～25）

譚浚明 譯

一　導言

在摘錄的這段經文中，羅馬書二、三章假想的猶太對話伙伴再次於四章1、3、9與10節提出問題，但可以很顯然地看出他已不再與保羅對立。二、三章之中的虛偽偏執狂已轉變為中立但投入的對話伙伴，以「我們」這樣的詞彙闡述其第一個問題，這代表保羅嘗試克服家庭教會與獨立堂會分裂為針鋒相對之不同派系的刻板模式的努力已有所進展。這樣友善的責備巧妙地融入了一種米大示式解經（midrashic exegesis），它由羅馬書四章3節b與四章22節中引述創世記十五章6節的主要經文所組成，並且被羅馬書四章7至8節中引述詩篇三十一篇的次要經文所詮釋。每段經文被引用與詮釋，用來為亞伯拉罕之義的本性與他的真正後裔的身分等問題，提供一種獨特的保羅式解答。這段經文的論證，就整體而言，闡述著猶太與外邦信徒都是亞伯拉罕的子孫，且都繼承了他所擁有的應許。整段經文的討論因而關係著羅馬各教會間的衝突，因為每個教會都誇耀自己，並聲稱自己比其他教會優越。保羅的論證之實際目的，便是表明他們全都平等地享有亞伯拉罕的遺產。

二　亞伯拉罕在上帝面前自誇的不可能性與新的羣體認同

開場的問題經常被以抽離保羅在三、四章中關於上帝之義與人的自誇之論述脈絡的方式誤譯。我將之翻譯如下，而質詢者的問題以引號標明：

> 「因此我們該說我們的祖宗亞伯拉罕憑著肉體得到了甚麼？」（1節）／倘若亞伯拉罕是因行為而成為義，他就可以自誇，但這與上帝無關。（2節）／「那麼經上說甚麼呢？」

『亞 伯 拉 罕 信 上 帝 ， 這 就 算 為 他 的 義 。』

（3節）

第一個問題是亞伯拉罕是否以其肉體行為作為依據，讓上帝賦予他公義的地位。鑑於先前的經文段落已論證出沒有任何人憑「立功之法」而成為義，這個問題便得到保羅的讀者所給出的否定的回答：「不，亞伯拉罕不能以他肉體行為的成就作為依據而成為義！」這結論流暢地導向接下來關於亞伯拉罕是否以其自身肉體的行為而建立了自誇之依據的論述。保羅否認這依據的存在。

四章3節的經文引用了創世記十五章6節。保羅的引文必須在其現在的論述脈絡中，並以經文中可見的、優先使用的關鍵詞來解讀。「信」這個動詞與「義」和「上帝」等名詞在羅馬書的前三章中被重新定義，以描述一種克服對上帝的敵意與透過相信福音而成為義的新意義。若脫離此一論述脈絡，對創世記的引文會被輕易地理解為一種對傳統意義之虔信的表述，即亞伯拉罕對上帝正直的順從替他贏得了義的獎賞。不，保羅說，亞伯拉罕沒有任何值得上帝賜福的「行為」（四5），並且他作為宗教儀式的割禮（circumcision）是在信仰之後才施行的（四9～10）。在他獲賜應許之時，他是處於「未受割禮」的狀態，即一個外邦人的地位（四10～11）。在12節中，保羅因此堅稱亞伯拉罕是兩個羣體共同的父：那些「受割禮之人」，即猶太人，以及那些「按我們的祖宗亞伯拉罕未受割禮而信之蹤迹去行的人」，即外邦信徒。

在12節的結尾對「我們的祖宗亞伯拉罕」的提及，對於那些接受上帝在過往的形象之啟示的人，建立了一種埃斯勒（Philip Esler）所謂的新的「圈內羣體的認同」（“in-group identity”；Philip Esler, *Conflict and Identity*, 194），並保留了外邦人的上帝形象。不論是猶太人還是外邦人，也不論他們先前的自誇類型為何，現在他們同為亞伯拉罕的子孫與義的繼承人，這義惟獨因信而得。

三　亞伯拉罕的應許只臨及那些因信得義之人

保羅關於亞伯拉罕後裔之身分的論點出現在四章13節中，並隨之而來的是四章14至16節中的一段反面論述，以及四章16至22節這段關鍵經文段落所提出的正面詮釋。關於亞伯拉罕的應許並非「因律法」而得的主張（四13），暗示著一種可追溯到三章27至31節的律法主義式順服與因信而得義之間的對比，甚至可以更清楚地回溯一章16至17節的書信主旨。亞伯拉罕應許的繼承權來自「因信而得的義」，這定義了繼承者的社羣得以承繼應許的依據。外邦信徒與猶太信徒都是在這個建基於恩典而非律法的新社羣中，以平等的方式被認可而成為繼承人。保羅與其他早期基督教思想家們的確在制訂一種新的社會秩序，它並非基於武力而是基於勸説，並非基於支配而是基於合作，並以責任的倫理而非剝削的倫理為原則。

保羅論證說：若成為一個亞伯拉罕的子孫是來自於對律法的堅守，那麼創世記十五章7節中亞伯拉罕因信而得的應許便歸於虛空、被廢棄了。此外，這應許也不會廣及他所有後裔，包括四章17節引用創世記的經文部分所指涉的外邦人。當保羅堅稱這應許是「本乎信」（四16）時，他並非訴諸於一種抽象的神學原則，而是作為一種新的、尊榮的地位之起源的轉變，這一章的經文正是引用亞伯拉罕作為這種轉變的主要典範。當中的陳述間接提及信徒藉之得以被稱為義，並且加入依照亞伯拉罕的應許而組成的、被揀選者之社羣的途徑，亦即接受福音並加入一間家庭教會或獨立堂會。正如羅馬書中到處可見的，信仰與透過接受在基督事件所體現的上帝之義的福音，並參與一個新的靈性與社會實體，兩者必須是密切相關的（參 von Dobbeler, *Glaube als Teilhabe*〔《作為參與的信仰》〕, 138, 275～277）。

保羅詮釋的原創性，在於應許不僅由上帝親自保證——這點符合了斐羅（Philo）與其他大多數聖經信仰的擁護者的信念——並且它將臨及**所有**後裔。若亞伯拉罕是「我們所有人的父」（四16），這便創造了羅馬的所有家庭教會與獨立堂會，以及保羅自己共有的一種單一羣體的認同。正如我們曾在1節與11至12節讀到的關於「父」的使用，它形塑了一種超越外邦與猶太信徒之間差異的新的羣體認同。保羅藉由引用創世記十七章5節，徹底說明了這點：「我已立你〔亞伯拉罕〕為多國的父」。在羅馬書的論述脈絡中，這將不只包括所有羅馬會眾，不論是猶太的還是外邦的；也將包含了遠在西班牙的「化外人」，整卷書信都意圖主張將他們納入信仰者的圈子中。

四　亞伯拉罕信心的實質與力量

亞伯拉罕能成為多國之父的應許的脈絡是一種關係性的脈絡。「在他所信的上帝的面前」這一表述句關聯於與上帝的會遇，在當中上帝宣告「我是你的上帝。當在我面前討我的喜悅並作完全人」（創十七1）。在這位上帝面前，亞伯拉罕有信心，在這擴大的米大示的主要經文中所使用的動詞，引自創世記十五章6節。從這樣的陳述中可以清楚看到信心是一種關係性詞彙，描述著個人或羣體在回應上帝恩典時應抱持的適當態度。亞伯拉罕相信上帝的應許是會實現的，此一信念將其置於與上帝的正確關係中。

保羅使用關於上帝的傳統表述，將他形容成「叫死人復活、使無變有的上帝」（四17）。因此，他提供了一個可被廣泛接受的架構，去詮釋從「撒拉的生育能力的斷絕」（四19）中孕育看似不可能成功孕育的後代的故事。這個故事架構，是其能力足以克服死亡與虛無的造物主上帝，永遠在容忍人類。在超越所有人類所能盼望的情況中，並且早已超過亞伯拉罕或撒拉可以正常生育孩子的時間，亞伯拉罕「在盼望中」持續相信上帝的應許將會實現，因此他成為信靠上帝的合乎聖經之態度的一個模範。亞伯拉罕的後裔，將成為來自多國且惟獨信靠上帝聖言之能力、而非亞伯拉罕個人所能實現之任何成就的一羣龐大羣眾。

在四章19至22節中，保羅描述了亞伯拉罕的堅定信心，但20節的措詞則清楚表明「他因信心得以堅固（empowered）」。同樣的動詞被用於腓立比書四章13節：「我靠著那加給我力量（empowers me）的，凡事都能做」，這個觀念在羅馬書的論述中扮演了一個決定性的角色，因為福音是「上帝的大能」（一17）。於是，在羅馬書四章20節中，保羅堅持信心的來源並不在人的力量之中。為此緣故，正如下一個子句所表明的，亞伯拉罕「將榮耀歸給上帝」而非他自己。這延續著四章1節的主題，亞伯拉罕是否有充分理由在上帝面前誇口。亞伯拉罕並沒有展現任何德性，亦沒有遵守律法。甚至連他的信心都是被上帝的大能所召喚而出並使其維持堅固，而非出於他自己的能力。因此，甚至信心自身都不算是成為義的資格。亞伯拉罕之所以被上帝榮耀是因為他讓上帝的應許依其方式進行，全然相信上帝能夠在幾近失去所有生育能力的人身上完成孕育後代的目標。他所得到的義的地位不是一項成就，而是一件禮物。

五　亞伯拉罕的應許對於信徒的關聯性

四章的最後一段經文論述著聖經的應許，「這就算為他的義」，不單是為亞伯拉罕，「也是為我們」這些信基督之人所寫的。這段陳述令人想起關於他的榮耀的經文主題。在那段以亞伯拉罕有何可誇耀的問題作為開始的米大示式解經中，「算為他的義」的這種歸算（ascription）具有主要的意涵，即尊榮的地位是賦予那些並不以行為賺取這地位的人；對於那些聆聽這信息的古代聽眾而言，這個介系詞片語所隱含的意義便已不證自明。在一個尊卑結構的社會中，歸屬於被上帝接納的地位是一個人所能得到的最終極的榮耀，不僅只轉變他的地位，並且還應許其保證實現亞伯拉罕的後裔如天上的星一樣多的這個盼望。而強調的重點，就落在24至25節的後半部中出現的「不單……也是」表述句中。以下是我的翻譯，從23節開始：

但「這就算為他的義」並不單只為他而寫，

> （23節）／也是為我們這些將要如相信那位使我們的主耶穌從死裏復活之上帝的人一般「被算進去」的人所寫的，（24節）／祂為我們的過犯而被交給人處死，也為我們得以歸正而復活。（25節）

保羅的論述需要亞伯拉罕從被歸算為義當中為他自己獲得某種重大的價值。為使他作為信仰基督者的新羣體認同的典範作用得以發揮，亞伯拉罕必須保持其作為獲得信心之餽贈的最崇高模範的角色。同樣的片語被用於關聯現今的信徒「也是為我們」，它指向保羅與其同儕信徒從聖經中被歸算為義的應許所獲得的益處。

賦予信徒的榮耀的確切本性被描述為「相信那位使我們的主耶穌從死裏復活的上帝」。當「信」與「算」等詞彙將他們與亞伯拉罕的故事連結時，他們的信心卻有本質上的差別。亞伯拉罕相信那位「叫死人復活」（四17c）的上帝，因而這對衰老到無法生育的夫妻得到生育後嗣的能力，但基督的信徒具有一種非常獨特的信仰形式，是與生育後代無關的。這便是相信「那位使我們的主耶穌從死裏復活的上帝」（四24）。這可能是當時所有羅馬教會所使用的傳統信仰表述。當保羅提及「我們的主耶穌」時，是為了同時包括羅馬城中軟弱與剛強的基督徒。如保羅在其他書信中所詳細解釋的（林前十五），並且也假設所有信徒都能理解，信仰基督的起始點是相信他的復活。若被釘十字架者沒有復活，就無法證明他的確是彌賽亞。現在外邦人得以被納入亞伯拉罕的後裔，是憑藉著分享了相信基督復活的信仰。

在25節中，保羅描述了信徒從基督救贖之死所得到的最大益處。他「為我們的過犯」而「被交給」處決之人。「過犯」一詞藉由將一章18節至三章25節所描述的違反猶太與希臘羅馬規範的罪都包含進來，同時透過為此處與隨後關於亞當之過犯的討論（五15～20）中這個出現了六次的詞彙提供了關連性等方式，達到保羅的修辭目的。在三章25至26節——保羅引述頌讚基督之血作為對猶太人與外邦人而言同樣是新的救贖方式的詩歌——之經文基礎上所提出的主張，便是基督羞辱的死克服了「我們的過犯」所造成的羞辱。不論與上帝為敵的宣告是出自猶太人還是外邦人，都已被揭露並且被基督的十字架所克服。基督代表所有羞辱者的羞辱性死亡，以一種新的方式傳達了保羅認定為亞伯拉罕應許之關鍵的上帝之「恩典」（四16b）。

保羅以類似於他在三章25至26節編輯救贖詩歌的方式，在此以對義的說明作出結論。基督的復活是「為我們得以歸正」。*Dikaiosis* 一詞可意指公義審判之「執行的行動」（“act of executing”），並且在過去最典型的翻譯便是「稱義」（“justification”）、「無罪開釋」（“acquittal”）或「證明清白」（“vindication”），但我更喜愛「歸正」（“rightness”）這個詞彙，以便與主導這段論述的、來自創世記十五章6節的公義結構的歸算（imputation of righteousness scheme）相互關聯。在保羅的觀點中，是基督的復活證明了福音的效力，即基督的死傳達出給所有人的恩典。當歸信者以信心接受福音時，他們在上帝面前被「算」為義，並且加入了一個依據新的平等原則分享榮耀的社羣。並非只有軟弱的，或者惟獨剛強的基督徒是此一新榮耀地位的接受者，因為這關乎「為了**我們**得以歸正」。這裏的「我們」同時將（根據這卷書信的主旨〔一16～17〕，即因福音的大能而成為義的）猶太與外邦信徒皆含括在內。他們全都是繼承亞伯拉罕應許的後嗣，分享他相信上帝是那位「叫死人復活、使無變有的上帝」的信心。再也沒有比被上帝視為「義」更大的榮耀，並且這個地位是歸算的（imputed），而非賺取的（earned）。這是一份如亞伯拉罕的應許實現般的神蹟式的禮物。

5

來自基督之義的榮譽行為的動因與評價（十二1～十三7）

譚浚明 譯

一　導言

羅馬書的第四個論證散佈於十二章1節至十五章13節，且像先前的論證一樣，它也由一個導言、八個段落，以及一個結論周密地組成；如同先前的三個論證，整體而言都是有十個段落。在此，保羅將上帝之義的福音，用於闡述羅馬教會中的倫理議題。他力勸會眾依據福音共享團契生活，從而找到方法去化解正在使他們分裂的衝突。於是，我們對此段經文的詮釋，必須致力於辨明經文如何關聯於羅馬教會的處境。

在這個論證完成之後，保羅將轉而談及他正安排不久後起程前往耶路撒冷與羅馬，且在書信的最後部分要求這些不同的小團體在愛宴中彼此接納。所以，對這個論證的詮釋需要考慮這封書信的主旨——羅馬書一章16至17節，與先前的三個論證，以及隨後在十五章14節至十六章24節的結語。既然主旨為「福音是上帝拯救的大能」，保羅在此處理的問題便是如何活出這福音。既然在十二章1至2節所陳述的題旨已為這整個論證定調，我們就必須密切關注它的細節。

二　對值得嘉許之行為的評價

在十二章1節中，保羅使用了一種在外交信函中典型的籲請模式，代替了可能觸怒結盟羣體之間敏感神經的命令。勸（*parakalein*）這個動詞是用於懇請他人順從某位元首的意志或政令的，於是我將這句經文翻譯為「所以我勸你們……」，這樣就避免了給讀者權威性的命令或告誡的印象。已有一悠久的傳統，將保羅的倫理學理解為主要針對個人而提出；但同樣重要的是，看到保羅懇求的對象是複數的「你們」，是被他視為「弟兄們」的羣眾，這便加強了家族倫理的特質，並藉此將各個不同家庭教會的所有成員都連結在一起。保羅懇求的基礎是「上帝的慈悲」（“mercies of God”），因而呼應了羅馬書先前的論據作為倫理籲求的基礎與動力。保羅並未建立羅馬教會，所以他不能以他的權威來要求他們。「慈悲」的複數形式是典型的《七十士譯本》用法，也呼應了先前對上帝恩典與慈愛的論述（一5、7，三24，四4、16，五2、15～21，六1、14～17，十一5～6），以及九章15至23節與十一章30至32節特別提及上帝憐憫（譯按：與十二章1節的「慈悲」原文同字）的部分。對羅馬教會的會眾而言，上帝慈悲的主要形式是透過基督的福音白白領受救恩，正好與先前羅馬書的論述所肯定的意義相同。

論及「將身體獻上，當作活祭」的表述在此書信中是獨特的，且關聯於羅馬信眾作為一個羣體向上帝的集體委身。「獻上」（“to present”）這個動詞在六章13至19節曾被使用過，用以勸勉信徒們將自己獻給上帝作義的器具。一個在祭壇上被殺與焚燒的祭物，暗示著一個被想像的共同危機。「獻上」這個過去不定式動詞（aorist verb），其時態對於日常生活中的例行服事而言是不適當的，那其實是意指保羅心中的一項特定行動。保羅在十五章16節所另行使用的祭司式語言，事實上是在外邦人歸信基督的脈絡中，且表明了十二章需要處理的範疇。他似乎希望羅馬教會能冒險支持他赴西班牙的宣教計劃。他明確描述了這祭物應是「活的、聖潔的、上帝所喜悅的」（"living, holy, acceptable"），這樣的三合一形容詞也在新約聖經以外的文獻與教父著作中被使用。「活的」這個形容詞意指祭物並不是淌血的，所以便緩和與軟化了將信徒的身體置於祭壇上被殺死的駭人隱喻。保羅希望他們主動參與宣教，而不是要他們殉道。「聖潔的」這個形容詞，表明祭物單單為了上帝的緣故從世俗領域中被分別出來。保羅在十五章16節論及歸信的外邦人是「因聖靈而被獻祭」之處重申了此一題旨。「上帝所喜悅的」也在別處經文被保羅用來描述與上帝旨意一致的行動（羅十四18；腓四18；另參見西三20「主所喜悅的」）。這個形容詞在實質上回答了猶太教派思想的關鍵問題：何為上帝喜悅或厭惡之事。保羅期望引導羅馬教會會眾獻身為活祭的做法，實際上是在實現這種神聖價值。

我將十二章1節的結尾譯為「你們理所當然的敬拜」（"your reasonable worship"），這裏將理當（*logikos*）一詞詮釋為合理的（rational）而非「屬靈的」（“spiritual”）。為了取代猶太教派的「服事」（九24）或希臘羅馬宗教對於有限形體偶像的崇拜，保羅提出信仰社羣為了世界的更新與合一而獻身服事的觀念，作為敬拜異象的實現，那便是十分合理的。如今，被救贖且委身於世界宣教的信仰社羣，取代了追隨希臘羅馬哲學家們的個體知識人。集體的「理性」，而非某種模糊的屬靈情操，才是面臨智性、邏輯與政治等多方面大幅度挑戰的西班牙宣教的關鍵必要條件。

於十二章2節中，保羅在妥協於社會與政治的壓力以及更新信仰羣體的倫理觀念這兩方面之間作出了區分。在保羅冒險的獻身活祭觀以及他對於「理所當然的敬拜」的新定義中早已暗示的、不屈從於現今世界秩序的觀念，藉由「不要效法、屈從這個世界」這句話更有力地被強調；而「這個世界」（“this aeon”）在保羅眼中，是一種不斷企圖擴張其觸角（tentacles）以影響被基督釋放之人的邪惡力量。羅馬教會的會眾最近剛經歷「這個世界」的領導勢力為迫使他們屈從所做的努力。由於當時的格老丟驅逐令主要針對平息基督徒在羅馬的宣教所激發的社會動亂，保羅的告誡便與這封書信的主要寫作目的有直接關係。若羅馬的家庭教會以可能再次危及他們在羅馬的生存為由，不情願與敷衍地與保羅冒險的西班牙宣教合作，他們將違背了與他們作為新時代之成員的自我認知相符的必要責任。這節經文同時為我們對十三章1至7節的詮釋，提供了一個關鍵的前提；而這段經文通常被理解為保羅主張對羅馬政權的屈從默認。

「心意更新而變化」（十二3；譯按：於《和合本》為十二2）關聯於藉由認信基督而恢復的義與理性。人類認知與回應真理的原始能力（一20），因犯罪而被扭曲（一28，七23、25），如今已被醫治與復原。「心意」（“mind”）這個詞在此為單數，與一章28節的「邪僻的心」（“reprobate mind”）的用法相同，意謂著特指一個羣體而非個體的思想與心智能力的綜合。保羅眼中的變化（transformation），在此是由「恢復」（recovery）所形塑，即按照認信社羣在基督裏成為「新造的人」（“new creation”）的經驗所導致對於倫理抉擇的現實評價的那恢復。此一聚焦於羣體的決斷的觀念，透過「叫你們（複數）察驗何為上帝的旨意」如此明確的措辭而更顯尖銳。這也暗示著羣體的討論與爭辯。察驗「上帝的旨意」（“will of God”）即為去發現在某個特定處境中，上帝期望信仰社羣去做的事。

保羅了解在羅馬的早期基督信仰社羣需要按照基督所賜的「更新的心意」（“renewed mind”）去衡量各種選擇——同時按照這封書信所提出的上帝旨意的議題，解決爭議並參與此一具有重大意義的宣教冒險。

「善良、可喜悅、純全」（“the good, the acceptable, and the perfect”）的倫理標準，是從古代的倫理論述中推論出來的。第一項關聯於最高的道德品格，第二項是被廣泛認可與信賴的價值，第三項則是審美與靈性洞見的最高境界。在保羅之後的論證脈絡中，每個範疇都需要變化，即以「上帝的慈悲」為基礎而產生的變化，以及需要在基督裏所啟示的「心意更新」（“renewal of the mind”）。於是最佳的人類智慧，便是用於基督徒的決斷。

三　對於慎思持重的評價與屬靈恩賜的操練

在十二章3至8節中，保羅採取的第一個步驟是將一種新的倫理導向用於羣體行為。在希臘文的表述中，這是一段以詼諧的雙關語——此處常在現代的聖經譯本中被修飾掉——開始的具詩意的段落。我照字義直譯出這一段經文：

> 不要自視過高，反要按著上帝所分給各人的信心大小，慎思持重（being sober-minded）。

公元前五至四世紀的希臘詩人、演說家與哲學家們以創作史詩的方式，區分了受制於個人侷限的普通英雄，以及如同阿基利斯（Achilles）與阿佳克斯（Ajax）般突破個人侷限的「傲慢」（“high-minded”）的超級英雄。在希臘民主的文化脈絡中，「慎思持重」的特質是成熟與守法的公民必備的品德，與此相反的是傲慢與自視甚高，這些都是暴君之惡性（參 North, *Sophrosyne*〔《自制》〕, 2, 14）。重要的是保羅重申了此一古典習俗，而非運用他的時代中典型的手法，將慎思持重歸諸於虔誠情操，以至於助長了宗教與哲學的自負。在一章18至32節論證了合理性的喪失歸因於神人分際混淆之後，保羅藉由重申對比於「高傲」（“supermindedness”）——要以違背上帝設立之界限的貶義來理解其意思——的古典價值，在此避免了任何關於敬虔（God-likeness）的假象。「自視甚高」會墮落回原初的謊言（一18、22、25），且拋棄了藉由信心而得的亞伯拉罕應許的繼承權（四11～16），且會墮落進罪惡與死亡（五12～六23）之中。保羅的表述提出了他的時代的基本趨勢，即在人生的所有場域中奮鬥爭取更崇高的地位與榮譽。

論及「信心的大小」之處則指出了每個信徒都有正當地關聯於信仰的政治、意識形態、種族與性格的要素，這將「慎思持重」定義為拒絕把個人與上帝之間的關係的標準強加於他人。同樣的想法重申於十四章4節及22至23節禁止干涉其他信徒與主的信仰關係的告誡中。這節經文於是形成了一個保障，反對因擁有屬靈恩賜或善行而宣稱地位比他人優越的神人（divine-men）、超級領袖（super-leader）或天才（geniuses）等菁英主義觀念。

在4至5節中，保羅將羅馬教會的各種各樣的會眾形容為「在基督裏成為一身」（“one body in Christ”），強調了各個基督徒羣體之間同為一體的團結。他們共同「有分於」（“participation”）基督，使得每個人與所有其他人彼此成為一體中相互依賴的

「肢體」（interdependent“member”）。基督是更大的實體（larger reality），在其中各羣不同的會眾與個人肢體找到他們的合一性。6節的表述則堅持即便有此合一性，每個肢體對於作為一個整體的身體而言都有不可或缺的獨特屬靈恩賜：「按我們所得的恩賜，各有不同」。在6節的第一句經文結尾之處，帶著強調語氣的詞「不同」，是與4節中對於一個身體中的「好些肢體」（“many members”）的強調，以及3節中反對「自視甚高」的警告相關聯的，指出了保羅想克服的、羅馬基督徒羣體有意做出的自身具有優越性的宣稱。在之後對於「信心軟弱者」（the“weak”）的討論中（十四1～十五6）所提及的羣體與個人的區分，其意義在此則被放在與不同崗位和職務上的人其「屬靈恩賜」（“charismatic gifts”）各有不同的此一事實相同的程度上受到重視。與這裏的強調一致的是，6至8節中的屬靈恩賜是隨機排序的，缺少了哥林多前書十二至十四章所提及的等級結構。保羅在此提到了七項恩賜：預言、執事、教導、勸化、施捨、治理、憐憫。最後提到的恩賜——「憐憫」（“mercy”），則呼應了在十二章1節中保羅的倫理籲求的基礎，且得自於上帝透過基督賜給所有人的憐憫。在此架構中，教會裏的所有屬靈恩賜都可以慎思持重、以對他人的貢獻給予應有之尊重的精神來操練。

四　對於真誠相愛的指導方針

下一個段落，十二章9至21節，是為了營造修辭感染力而巧妙構思之作，且與羅馬基督徒羣體之間的張力緊密關聯。它以作為整個段落之標題的簡短格言開始：「愛人不可（不是）虛假」（“the love〔is〕without pretense”）。此一表述預設了愛存在於基督徒羣體之間，因而常見的翻譯「讓愛人不要虛假」（“Let love be without pretense”）是一種誤導。保羅所關切的是，以提供一種堅決「反對愛中帶有虛假與欺騙的警告」（Walter Wilson, *Love without Pretense*, 152）的方式來定義愛的行動，此一手法是藉由預告此段落之論證的開頭格言而發揮的：「善要親近（堅守）」（“cleaving to the good”）是在10至16節、「惡要厭惡」（“abhorring the evil”）則是在17至21節中被詳述。愛的行動必須在正常倫理的善惡標準的基礎上被評價。保羅反對那些神啟行為實質超越一般倫理非議的宣稱，或如諾斯替派（Gnostics）所宣稱的「行為的善惡只由人意評價」（“only by human opinion are actions good or bad”）的觀點（Hans Jonas, *The Gnostic Religion*, third edition〔Boston: Beacon Press, 1970〕, 272；譯按：或參中譯本《諾斯替宗教》，張新樟譯〔香港：道風書社，2003〕，323）。羅馬書十二章10至21節，藉由詳述面對教會內部會眾衝突與外在政治迫害時真誠之愛如何顯明，繼續反對上述的傾向。

會眾的焦點可見於下一段勸告的措辭中，我按照字面將之翻譯為「以弟兄之愛彼此相愛，在彼此恭敬的事上當仁不讓」（“affection for one another with brotherly love, taking the lead in honoring one another”）。此翻譯考慮到古代地中海世界特有的、形塑恭敬（honor）觀念的社會脈絡，在其中公眾認可是個人身分的必要基礎。此翻譯適切於羅馬的會眾處境——分屬相互競爭的各羣體中的成員，拒絕在愛宴中接納彼此。如果現在每個羣體在對其競爭者展現恭敬的事上「當仁不讓」（“takes the lead”），導因於社會階層與羣體競爭而造成的恭敬的失衡，便會轉化為符合「真誠之愛」

（“genuine love”）的情況。

由於熱忱常是在相互支持彼此的理想與信念的情況中維持，十二章10節所建議的行動可能會有一種令人掃興的效果。恭敬那些具有不同習性的人，會很容易促成了相對主義（relativism），這會使得熱忱看似不恰當。下一段規勸反駁了這一點：「莫叫勤奮衰微。保持心裏歡騰，不斷服事主」（“not flagging in diligence, remaining effervescent in Spirit, serving the Lord”）。我譯為「歡騰」的動詞意為冒泡、沸騰、發酵、翻騰，且常以隱喻之意用於形容高昂的情緒。使徒行傳十八章25節將此一明確的措辭用於形容亞波羅，暗示著此種概念可能是經歷靈恩的基督教第一代信徒發展出的。在此措辭中普遍預設了分授予信徒之聖靈的臨在是清晰可見的。這也與11節隨後的經句相符：「不斷服事主」（“serving the Lord”）。對保羅而言，聖靈是主在信徒中的臨在，召喚信徒順服主。羅馬書六章的邏輯在此被引用，信徒們被要求在基督主權的脈絡中，操練他們愛的恩賜。在此措辭中也可能包含對自私的屬靈熱忱的反對。整體觀之，11節顯示出對於保羅的倫理學而言，服事是屬靈熱忱的自然表現，而非對於道德責任的義務性順從的結果或對自由的損害。基督教倫理學的任務，即是保持聖靈的激流在負責任的管道中流動；此激流的目的，並非僅是提升信徒高昂的情緒。屬靈熱忱並不以滿足自身為終點，即以達到與某種吸食毒品的狀態類似的情緒高峯經驗為目的，而是在過去悖逆的受造世界中擴張主掌管統治的範圍。在這節經文結尾之處所提及的「不斷服事主」，帶出了在這封書信關切「上帝之義」（“righteousness of God”）的首要主旨的界限中，對於倫理指導方針的討論。

12至13節力勸信徒在持續受逼迫的處境中保有喜樂的盼望。「分擔聖徒的缺乏」（“sharing in the needs of the saints”）喚起對格老丟驅逐令之處境的記憶，顯示著猶太基督徒領袖被囚禁且其他信徒孤苦無依的情況。這可解釋保羅選擇用「分擔」而非十二章8節所用的「施捨」（“contributing”）的原因。「聖徒的缺乏」不該被冷淡地視為恩惠被剝奪的不幸例證。相反的，那些剛被提醒在磨難中受基督的愛持續支撐著的人，被這句經文引導去認同其他身處困乏的人。於是那些躲過格老丟驅逐令的信徒便全然分擔歸回者的困境，在如此的處境中這意謂著真正分享經濟資源。這也同時隱含在下一句「盡力款待陌生人」（“pursuing hospitality to strangers”）的措辭中。至於發動此次逼迫的羅馬帝國官方，信徒應祝福而非咒詛他們（十二14），這是為了指出愛的能力，將保羅已證明是由福音引發的「更新變化」（十二2）具體化。他期望羅馬歸信基督，而非被毀滅。

在15節中，保羅將同理心形容為真誠之愛的標記。與他人同喜樂或哀哭，則需脫離在面臨災禍時保持「漠然」（“apathy”）與「不動情」（“impassiveness”）的希臘文化理想。這建構了另一個領域，在當中十二章2節所提及的不要效法世界的勸告得以完成。在羅馬教會的處境中，分擔哀傷的重擔落在並未遭受迫害與流放的人身上，而喜樂的分享則可能更平均地分攤。歸回者可能會為了在流放期間家庭與居所教會成功擴展感到喜樂，同時留在羅馬的人可能會分享歸回者的喜樂。在羅馬的處境中聽從此一勸勉將會帶來極大的果效——在最深刻的程度上克服分裂的問題，且建構一個真誠團結的基礎；它不僅只依靠理智上的彼此贊同，也依靠情感共享的經驗。在16節中，團結的主題藉由使用在十二章3節中出現四次的「心思」（“mind”）題旨的勸勉而發展。保羅極力主張愛（十二9）能引導人與知識水平較低的人共處。優越感被平等取代，高傲則被團結取代。要能「彼此同心」（“of the same mind toward one another”）並不意謂著同意異議，或者如同一般的觀點所認為的，要消弭歧見、達成共識。毋寧說，它意謂著承認所有人的心智平等，使人得以一起同工。

在17至20節有四個關於禁止報復的勸告，其中兩項是關於與仇敵復合。認信基督之人脫離了上帝的憤怒。為了取代對逼迫者施加報復，保羅要求「若是能行，總要盡力與眾人和睦」。此一用語表明了對於外人，和平或許只在某些情況下才有可能維持。保羅所要求的是，信徒在服從「真誠之愛」的原則下，必須盡其所能地達成和平。給予仇敵飲食，是將「把炭火堆在他的頭上」定位為呼召仇敵悔改。給予飲食並不保證必然會化敵為友，或者這樣的行動總是能使仇敵歸信基督。這樣對仇敵示好的行為，實來自更新變化的信仰社羣（十二1～2），而這羣體藉由關乎上帝對不虔不義之人的愛的福音所帶來的力量而歸正。這意謂著這樣的行為乃被「真誠之愛」（十二9）驅使，且與「款待陌生人」的教導（十二13）相符。於是這節經文闡明了何為「與眾人和睦」（十二18）。十二章21節作為結論的勸告「要以善勝惡」，將基督徒倫理置於一個無遠弗屆卻又因地制宜的變化架構中。透過日常的團結行動戰勝「惡」的思想將可能是浮誇的，倘若它不是在為了上帝之義——這也是羅馬書的主題與寫作目的——而引發的世界宣教的架構中。在此架構中，即便給口渴之人一杯水都會成為表現基督之愛的方式，且因此擴張上帝之義的領域。若考慮到羅馬信徒遭圍困與邊緣化的處境，稱這節經文為「世界上最勇敢的宣言」（Ortkemper, *Leben*〔《生命》〕, 124），一點都不誇張。

五　對於行政官員的敬重

羅馬書十三章1至7節繼續先前段落的勸告，現在轉向論及基督徒對羅馬地方官員當盡上的義務。由於保羅所認識的羅馬基督徒羣體中，有兩個是由為官員工作的帝國奴隸所組成的（十六10～11），因此保羅用語的意涵為若無上帝的命定，這些官員便無法施行他們的權力。由於這些權威「都是上帝所命的」，所有人都應有願意順從的義務。於是，不管羅馬帝國官方如何宣稱他們的權力來源，這權力事實上來自於猶太信仰與基督信仰的上帝。這個上帝到底是誰？這個議題不常在學術討論中提出。只要比較保羅的陳述與羅馬的公民崇拜，且仔細思考這經卷的前十二章，這個問題的適切性便能非常容易理解。

在保羅的論述中，授予政府機構權威的上帝，並不是羅馬公民崇拜中的馬爾斯（Mars）或邱比特（Jupiter）。羅馬書一章就已宣告了這位上帝，並且祂的義在接下來的十二章中被詳述；在此上帝在那位可見的、被釘十架的基督身上具體化，且使十二至十三章這個段落變為一場大規模的政治收編行動。若羅馬帝國官方理解這個論點，這將會被視為具徹底破壞性的觀點，亦即羅馬官方是由耶穌基督的父上帝所授命的觀點，這將完全顛覆羅馬的公民崇拜，並暴露出這種崇拜對真理的壓迫。羅馬政府涉及基督的殉道——在彼拉多手下被釘死，這對於十三章的讀者而言是無法忘懷的，他們從格老丟驅逐令的親身經歷中，得知羅馬政府對於建立一條優良法律的宣稱是何等浮誇不實。這封書信前八章對律法徹底的批判也無法忘記，這也解釋了為何對羅馬和平（*Pax Romana*）深感驕傲的權力機構、法律的裁決者——帝國政府，在此並未被提及。在此沒有留下羅馬政令宣傳中關於政府的執法體系是救贖式的（redemptive），或者在猶斯提夏（Justitia）與克萊門夏（Clementia）等諸神的統治之下達成某種彌賽亞式和平（messianic peace）的宣稱。惟有基督是律法的完滿實現（fulfillment，十4；譯按：《和合本》譯為「總結」），而非羅馬皇帝或諸神。並且在此也沒有留下在公民崇拜中，論述羅馬是因其崇高的德性或虔誠才得以建立帝國——此觀點已在一章18節至三章20節中被推翻——的華而不實的宣稱。留下的是上帝授權予統治者的簡單事實，這事實的正當性不是取決於受任者的德性，而是取決於上帝奧祕的心思——這位上帝揀選那將要完成其自身目的之中介者（九14～33，十一17～32）。於是順從政府官員便是一種尊敬的表現，並不是對官員自身，而是對在他們身後的被釘十架的上帝。

信徒必須「行善」（“do the good”）以得到來自總是獎賞善行的政府官員的稱讚，這教導看似不符合羅馬書先前的部分論述，還有保羅在其他書信中各個具批判性的觀點，以及在西元四十九年發生的、對基督徒不公平的放逐事件。對於這節經文的疑難用語看似最有理的解釋，是將保羅的論點看成宣教性而非理論性的。他寬容了政府在過去的行為令人非議之處，是為了籲求在帝國官僚體制統治之下的羅馬信徒羣體的合作，他也深知他們的合作是前往西班牙的宣教中絕不可少的助力。這些特別的官僚，同時也是基督徒，容易受到保羅在十二章9至21節所闡述的揚善懲惡的倫理價值所影響。於是這個諷刺的目的，便是藉由要求屈從這些官員的統治來支持他們在職務上的目的；如果保羅能因此吸引到他們的善意，他們或許將會參與保羅的宣教計劃，這在某些方面可能會被憂心於維護帝國在西班牙之利益的非基督徒官員詮釋為危險的行動。保羅希望對於基督徒官員而言，如此的憂慮是可以被克服的。在這個諷刺中，保羅以一個有效的論點說明他們的服事：一個被稱為攪亂天下的人，事實上可以是一個良好公眾秩序的代言人；而保羅前往西班牙的宣教險途，就更不應遭受阻止。

這個段落以要求履行繳納的義務作為結束，無論是被囚之人所欠的貢物，或是進口稅，或是對人的懼怕與恭敬。為了取代對政府的絕對屈從，義務的觀念在此出現便是為了證明繳納之事的正當性。此處的表述，為信仰羣體所共同決定的適當性，留下了評價的空間，如十二章1至2節所定義的。十三章7節最後一句經文的措辭，看似特別具體化了出現在十三章1節及5節中的動詞「順服」（“to subject oneself to”）的自願成分；只有那些配得恭敬的人才能向他們表示恭敬，而恭敬只有在服務臣民利益的條件下，才能被給出。隱含在這整個倫理教導中的謹慎的元素是從十二章1至2節得知的，這段經文交付給早期教會羣體一項任務，即是藉著以「善良、可喜悦、純全」為權衡的原則來查驗上帝的旨意。

在我對此段落的釋義與討論的結尾，我論證説：如果保羅的動機是宣教的，那反諷就會顯得特別尖鋭。為了宣揚那位被釘十架的基督——祂顛覆了崇敬的體制，並使保羅欠了「希臘人、化外人、聰明人、愚拙人」的債（一14），在羅馬或是西班牙，保羅都願意接受要求人民尊敬皇帝及其官員的體制，不論他們值不值得被尊敬。這似乎意謂著，在保羅眼中，宣教完全無法對這個罪惡的崇敬體制——很顯然的，直到這個世界的末了，它都不會將尊崇與榮耀歸給那位最應當被尊崇者——施行更新變化的作用。這卷書信是保羅為了基督的緣故入世而不屬世、在世代中安居、對甚麼樣的人就作甚麼樣的人等意願的一個絕佳範例。但有一個悖論是必須予以指出及承認的，即十三章1至7節提供了一個宣傳的基礎，在其中崇拜馬爾斯與邱比特的政策被掩飾為對基督的服事，於是也令人想起現今解經著作的反省與討論中方興未艾的爭論。

我在這段批判性的結論中仔細檢驗的是保羅與其他早期的基督跟隨者所面對的實踐性政治抉擇：跟隨猶太狂熱分子參與推翻羅馬政權的戰役，並在耶路撒冷建立神權政體的普世帝國（theocratic world empire），抑或默認屈從已在地中海世界帶來些許和平的羅馬帝國的統治。在信主之前，保羅曾是激進的狂熱派，以致於之後他鼓吹在基督的主權之下與羅馬政府和平共存的理念，招致了狂熱派猶太人強烈的敵意。我們在這樣的脈絡中詮釋羅馬書七章作為對律法主義者的狂熱主義的自我否定的一種分析，以及在十五章9至12節對舊約的引用發揚了以賽亞書及其他描寫包括以色列在內的萬國異口同聲地讚美上帝的經文中的普世異象（global vision）。很明顯的，保羅似乎已在普世於律法之下與上帝復合的以賽亞式盼望——這已部分地但又令人非議地由羅馬帝國成就——與發動聖戰並將錫安建立為普世帝國首都的狂熱派盼望之間作出了選擇。他接受前者而拒斥後者。

在這封書信中另有兩處可見保羅的此一偏愛。於十章15節中，他修改了以賽亞書五十二章7節：「報福音、傳喜信的人，他們的腳蹤何等佳美」，他刪去了《七十士譯本》與《瑪索拉抄本》（Masoretic Text）中都出現的「諸山」（“mountains”）的記載，其用意可能是想將這段經文的意義普遍化並抽離錫安山——它是這段經文期待實現之盼望的中心——的脈絡。福音書的反帝國式的邏輯思維方式（the anti-imperial logic），不允許任何企圖以以色列帝國政權戰勝羅馬帝國的盼望。與明顯遍佈於羅馬書中普世精神的強調保持一致，保羅筆下的基督的信息提供了與全世界和平共存的觀念（特別參見十五7～13），它也克服了希臘人與猶太人之間的隔閡（十12～13），這隔閡在以色列帝國中將會是堅不可摧的。保羅這樣的考慮也解釋了他為何刪掉在所有的《七十士譯本》版本中都找到的「傳平安，報好信之人」（“the one preaching the message of peace”）

的句子。《七十士譯本》中引述的「和平」概念與「羅馬和平」有著相同的結構，它來自所有潛在敵人在帝國首都耶路撒冷的統治之下的歸順。於是，保羅在羅馬書十章的論述中作出這種刪減後的引用，暗示著以賽亞書這段經文預言了傳基督的福音，同時避免了以賽亞原初措辭帶有的帝國主義意涵。

在十一章26節中，有一個類似的例子，保羅改變了以賽亞書五十九章20至21節的用字，將一位救贖者「為了錫安的緣故」而來（coming "for the sake of Zion"），改為救贖者「從錫安」而來（coming "from Zion"）。為了佔大多數的外邦基督徒聽眾，以及之後說服會眾支持向西班牙化外人宣教，彌賽亞「為了錫安的緣故」而來的構想可能會有攻擊性與誤導性。保羅並不想在「猶太人和希臘人並沒有分別，因為眾人同有一位主；他也厚待一切求告他的人」（十12）的論點上作妥協。保羅「來自錫安」的構想與這封書信開場的那段提及耶穌「是從大衛後裔生的」（一3）的複合式信仰告白，還有關於耶穌出身自以色列民族的提醒（九5），以及基督這塊絆腳石是置放於「錫安」（九33）等經文的思想一致。錫安在這段經文引用中的出現是等同於天上的耶路撒冷（heavenly Jerusalem；「在上的耶路撒冷」〔Jerusalem above〕，加四26），基督來自那裏，也將在終末從那裏再次降臨。

註釋

第1章　羅馬書，一封宣教書信：超脫卑賤的地位（一1～17，十四1～十六16）

1. 有許多關於羅馬書中的軟弱者與剛強者的研究，但卻沒有任何一個是研究接納。例如 C. A. Gaertner, "Instructions to the Weak and the Strong According to Romans 14,"（〈根據羅馬書十四章的對於軟弱者與剛強者的教導〉）*CTM* 21（1950）, 659～673；Jacques Dupont, "Appel aux Faibles et aux Forts dans la communauté romaine（Rom 14:1～15:13）,"（〈羅馬信仰社羣中的軟弱者與剛強者〔羅十四1～十五13〕〉）*SPCIC* 1（1963）, 357～

366；Paul W. Gooch, "St. Paul on the Strong and the Weak: A Study in the Resolution of Conflict,"（〈聖保羅論剛強者與軟弱者：一項對於衝突的解決辦法的研究〉）*Crux* 13 (1975～1976), 10～20； John Murray, "The Weak and the Strong,"（〈軟弱者與剛強者〉）*WTJ* 12 (1949～1950), 136～153；R. L. Omanson, "The 'Weak' and the 'Strong' and Paul's Letter to the Roman Christians,"（〈「軟弱者」、「剛強者」與保羅致羅馬基督徒的書信〉）*BT* 33 (1982), 106～114；Max Rauer, *Die "Schwachen" in Korinth und Rom nach den Paulusbriefen*（《保羅書信所描寫的在哥林多與羅馬的「那些軟弱者」》）, BibS（F）21 (Freiburg: Herder, 1923)；Mark Reasoner, "The 'Strong' and the 'Weak' in Rome and in Paul's Theology,"（〈羅馬書與保羅神學中的「剛強者」與「軟弱者」〉）Dissertation, University of Chicago（芝加哥大學博士論文）, 1990；Eduard Riggenbach, "Die Starken und Schwachen in der römischen Gemeinde,"（〈在羅馬自治區的剛強者與軟弱者〉）*ThStK* 66（1893）,

649～678；H. Rongy, "Les faibles et les forts dans la communauté romaine,"（〈羅馬信仰社羣中的軟弱者與剛強者〉）*Revue ecclésiastique de Liége*（《列日神職人員學術評論》）22 (1931), 313～317；J. Paul Sampley, "The Weak and Strong: Paul's Careful and Crafty Rhetorical Strategy in Romans 14:1～15:3."（〈軟弱者與剛強者：在羅馬書十四章1節至十五章3節中保羅謹慎與精明的修辭策略〉）Paper Presented at the 1993 SNTS Meeting in Chicago（於新約研究學會一九九三年芝加哥會議上提交之論文）；Gerd Theissen, "The Strong and the Weak in Corinth: A Sociological Analysis of a Theological Quarrel,"（〈哥林多書信中的剛強者與軟弱者：對於一場神學紛爭的一個社會學分析〉）in J. H. Schütz trans. and ed. of G. Theissen, *Social Setting*（《社會背景》）, 121～143。

2. 見 Stephen Benko, "The Kiss,"（〈吻〉）in S. Benko, *Pagan Rome and the Early Christians*（《異教的羅馬與早期基督徒》）(Bloomington: Indiana University, 1984), 79～102；John Ellington, "Kissing

in the Bible: Form and Meaning,"（〈聖經中的吻：形式與意義〉）*BT* 41 (1990), 409～416；William Klassen, "The Sacred Kiss in the New Testament,"（〈新約中的神聖之吻〉）*NTS* 39（1993）, 122～135；Eleanor Kreider, "Let the Faithful Greet Each Other: The Kiss of Peace,"（〈讓信徒彼此問安：和平之吻〉）*Conrad Grebel Review* 5（1987）, 28～49；W. Lowrie, "The Kiss of Peace,"（〈和平之吻〉）*TTo* 12 (1955), 236～242；Nicholas James Perella, *The Kiss: Sacred and Profane: An Interpretative History of Kiss Symbolism and Related Religio-Erotic Themes*（《吻：神聖與世俗的：一個吻的象徵意義與相關的宗教—愛慾主題》）（Berkeley: University of California, 1969）；Klaus Thraede, "Ursprünge und Formen des 'Heiligen Kusses'im frühen Christentum,"（〈早期基督教中的「聖潔之吻」的起源與形式〉）*JAC* 11～12 (1968～69), 124～180.

3. Halvor Moxnes, "Honour and Righteousness in Romans,"（〈羅馬書中的榮譽與義〉）*JSNT* 32

（1988）, 61～77，此文繼續發展了作者先前一篇論文中的觀點，“Paulus og den norske vaeremåten. ‘Skam’ og ‘aere’ i Romerbrevet”（“Paul and Norwegian Culture. ‘Shame’ and ‘Honor’ in Romans”；〈保羅與挪威文化：羅馬書中的「榮譽」與「羞恥」〉）, *NorTT* 86 (1985), 129～140。

4. E. A. Judge, “The Conflict of Educational Aims in New Testament Thought,”（〈新約思想中教育目標的衝突〉）*Journal of Christian Education* 9（1966）, 38～39；他引用了：Sallust, *Bellum Jugurthinum* LXXXV: 26，「節制只會使人誤將謙虛當成罪咎感」。

5. 參 A. Horstmann, “ἐπαισχύνομαι be ashamed,” *EDNT* 1（1990）, 42～43，本書強調了被他人「強加羞辱」的公眾意義，對比於因行為而「蒙羞」的主觀意義，特別建立在對 ἐπαισχύνομαι 的使用上。

6. Moxnes, “Honour and Righteousness in Romans,” 63.

7. Moxnes, “Honour and Righteousness in Romans,” 62.

8. Moxnes, “Honour and Righteousness in Romans,” 64.

9. 在史考特（James M. Scott）近期對 ἔθνος 的研究而出版的著作《保羅與萬國：舊約與保羅向外邦宣教

的猶太背景並參考加拉太書的目的觀》（*Paul and the Nations: The Old Testament and Jewish Background of Paul's Mission to the Nations with Special Reference to the Destination of Galatians*, WUNT 84〔Tübingen: Mohr（Siebeck）, 1995〕），羞恥地位的廢除被隱匿在一段保羅的用詞完全受到先知式期望支配的神學論述中。

10. Yves Albert Dauge, *Le Barbare. Recherches sur la conception romaine de la barbarie et de la civilization*,（《化外人：羅馬文明中的化外人研究》），Collection Latomus 176（Brussels: Latomus, 1981）, 393～810；文章指出，羅馬文獻中的化外人，指的是非理性、兇殘、好戰、異化、狂暴的外來者，這些人與文明化的羅馬分屬於兩個完全不同的世界。

11. 見 James C. Walters, *Ethnic Issues in Paul's Letter to the Romans*（《保羅達羅馬人書的倫理議題》）（Valley Forge: TPI, 1993）, 68～79。

12. Michel, *Römer*, 369.

13. C. H. Dodd, *The Epistle of Paul to the Romans*（《保羅致羅馬書》）（London: Hodder and Stoughton,

1932）, 229.

14. Ernst Käsemann, *Commentary on Romans*（《羅馬書註釋》）, tr. G. W. Bromiley（Grand Rapids: Eerdmans, 1980), 398；C. E. B. Cranfield, *A Critical and Exegetical Commentary on the Epistle to the Romans*（《羅馬書釋經》）（Edinburgh: Clark, 1979), 2. 769；Michel, *Römer*, 369；the new edition of Emil Schürer, *The History of the Jewish People in the Age of Jesus Christ*（*175 B. C.～ C. E. 135*）（《耶穌基督時代的猶太人史》〔公元前175至135年〕）, rev. and ed. G. Vermes et al (Edinburgh: Clark, 1986), 3. 84～85 聽取波爾的意見，修改了他早期的觀點。

15. W. P. Bowers, "Jewish Communities in Spain in the Time of Paul the Apostle,"（〈使徒保羅時代的西班牙猶太社羣〉）*JTS* 26 (1975), 400。最晚近的釋經學者們似乎並未察覺到包爾斯的研究的適切性；參閱並比較 Roy A. Harrisville, *Romans*（《羅馬書》）（Minneapolis: Augsburg, 1980）, 243f.；Ulrich Wilckens, *Der Brief an die Römer*（*Röm 12～*

16）（《羅馬書的信仰〔十二至十六章〕》）（Neukirchen: Neukirchener, 1982），3, 124, 128；Paul J. Achtemeier, *Romans*（《羅馬書》）（Atlanta: Knox, 1985），228～233。Dunn 並未將包爾斯的研究列入參考書目或索引，且維持西班牙有猶太人的傳統觀點，J. Achtemeier, *Romans*, 872。Fitzmyer 在他的著作中參考了包爾斯的研究，J. Achtemeier, *Romans*, 717。但並未從思考保羅寫作羅馬書的目的或他在西班牙的宣教策略中，引出任何推論。

16. 見 Stanley Kent Stowers, "Social Status, Public Speaking and Private Teaching: The Circumstances of Paul's Preaching Activity,"（〈社會地位、公共演說及私人講授：保羅宣講活動的環境〉）*Novum Testamentum* 26（1984），68～73，文中有證據證明庇護者的住家是保羅宣教活的主要據點。手工坊則是做為宣教據點，參 Ronald F. Hock, *The Social Context of Paul's Ministry: Tentmaking and Apostleship*（《保羅牧職的社會處境：織帳棚與使徒的身分》）（Philadelphia: Fortress Press, 1980）。

17. M. Rostovtzeff, *The Social and Economic History of*

the Roman Empire（《羅馬帝國的社會及經濟史》）（Oxford: Clarendon Press, 1926；citations from the second edition revised by P. M. Fraser, 1957）, 213f. ；另參 J. M. Blázquez（Martínez）, "Roma y la explotació'n económica de la Península Ibérica," *Las Raices de España*, ed. J. M. Gómez-Tabanera（Madrid, 1967）, 253～281。

18. Rostovtzeff, *The Social and Economic History of the Roman Empire*, 211～215.
19. Rostovtzeff, *The Social and Economic History of the Roman Empire*, 215.
20. Rostovtzeff, *The Social and Economic History of the Roman Empire*, 213.
21. 見 W. H. C. Frend, *The Rise of Christianity*（《基督教的興起》）（Philadelphia: Fortress, 1984）, 340。
22. 見 W. H. C. Frend, *Town and Country in the Early Christian Centuries*（《早期基督教世紀的城鎮與國家》）（London: Variorum, 1980）XIII, 126。
23. 見 Frend, "A Note on the Influence of Greek Immigrants on the Spread of Christianity in the West,"

（〈希臘移民對基督教在西方發展的影響〉）in *Town and Country in the Early Christian Centuries*, 125～129。

24. 參閱並比較 Werner Dahlheim, "Die Funktion der Stadt im Römischen Herschaftsverband,"（〈城市在羅馬統治團體中的功能〉）in F. Vittinghoff, ed., *Stadt und Herrschaft: Römische Kaiserzeit und hohes Mittelalter*（《城市和統治：羅馬凱撒時代和中古世紀》）（Munich: Oldenbourg, 1982；*Historische Zeitschrift. Beiheft* N.F. 7.）, 48～55。

25. Peter Lampe, *Die stadtrömischen Christen in den ersten beiden Jahrhunderten: Studien zur Sozialgeschichte*（《頭兩世紀羅馬城的基督徒：社會歷史之研究》）（Tübingen: Mohr-Siebeck, 1987；second edition, 1990；英譯：*From Paul to Valentinus: Christians at Rome in the First Two Centuries*, trans. M. Steinhauser, Foreword by R. Jewett（Minneapolis: Fortress Press, 2003）。

緊扣時代 服事教會

以文字傳揚基督真道

讀者意見表

衷心多謝你購買本社書籍。本社一直致力以出版事工服事教會，幫助信徒扎根於神的話語，促進靈命增長。為使我們的出版更能滿足你的需要，請填寫下列各項資料，並寄回或傳真予本社。

所購書籍：______________________________

本書最吸引你的地方：

☐作者　☐適切性　☐文筆　☐設計　☐實用性

☐其他：______________________________

購買本書地點：

☐基道書樓　☐基督教書店　☐非基督教書店

性別：☐男　☐女　職業：__________________

信仰：☐基督徒　☐非基督徒

年齡：☐ 16 歲或以下　☐ 17～25 歲　☐ 26～35 歲

☐ 36～55 歲　☐ 56 歲或以上

學歷：☐中三或以下　☐中五　☐預科

☐大學　☐研究院

☐我欲更多了解基道出版社的事工及考慮支持，請寄給我下列資料：

☐機構簡介　☐新書資料　☐基道會員通訊

☐《基道文字事工通訊》

姓名：______________________電話：______________

地址：______________________________________

____

傳真：______________ 電子郵件：______________

其他意見：__________________________________

____

多謝賜教！

意見表可以傳真（2687-0281）或直接郵寄以下地址：

香港沙田火炭坳背灣街26號富騰工業中心1011室

基道出版社編輯部收